투르크-중앙아시아:
투르크 경제권
가능성의 현장

| 투르크-중앙아시아: 투르크 경제권 가능성의 현장 |

| 초판 1쇄 인쇄일 | 2016년 8월 15일
| 초판 1쇄 발행일 | 2016년 8월 20일

| 저   자 | 한국외국어대학교 중앙아시아연구소
            박지원, 성원용, Rovshan Ibrahimov, 신성재, 방일권, 황영삼
| 발 행 인 | 김대성
| 편   집 | 방일권
| 표지디자인 | 임성은

| 펴 낸 곳 | 다 해
| 주   소 | 서울시 중구 마른내로 74-1 2층
| 등 록 번 호 | 제 1-2072
| 전   화 | 02)2266-9247
| 팩   스 | 02)2266-9248

| ISBN | 979-11-5556-084-6 03300
| 가 격 | 15,000원

ⓒ 2016. 이 책의 저작권은 저자에게 있습니다. 서면에 의한 저자의 허락없이 내용의 일부를 인용하거나 발췌하는 것을 금합니다.

신흥지역
연구시리즈
3

투르크-중앙아시아:
투르크 경제권
가능성의 현장

투르크경제문화권의 이해를 위하여

한국외국어대학교 중앙아시아연구소 편

목차

007_ 머리말

013_ 투르크 경제권의 성장 가능성과 발전 전망

029_ 교통물류를 중심으로 한 한·중앙아간 협력 가능성

051_ 아제르바이잔 에너지 전략의 발전

071_ 우즈베키스탄 건설시장 진출 경험
    - 탈리마잔 복합화력 발전소 공사를 중심으로

091_ 카자흐스탄의 산업 정책: 개방적 체제하의 국가 주도형 산업육성

111_ 키르기스스탄 경제 현황과 한국의 진출

137_ 투르크메니스탄의 아바자 관광특구

머리말

역사를 통해 거대한 잠재력을 이미 보여주었던 트루크 민족들은 21세기에 접어들며 언어와 문화적 공통성에 기반한 신흥 세력으로 상호연대를 강화하며 부상하고 있습니다. 경제적으로도 카자흐스탄의 자원이 아제르바이잔을 경유해 터키에 이르고 있고, 터키의 자본은 우즈베키스탄을 비롯한 중앙아시아 국가들에서 활발히 활동하고 있습니다. 이 지역에 대한 관심의 환기와 기초적 연구를 선도적으로 진행해 온 우리 연구소는 2012년 이래 터키와 우즈베키스탄을 비롯한 투르크 국가들에 대한 연구에서 '투르크 경제권'이라는 용어를 제시하며 지역 연구를 계속하고 있습니다.

터키와 우즈베키스탄을 시작으로 시작된 우리 연구소의 사업은 대상 국가를 확대해 카자흐스탄과 아제르바이잔을 포함하여 4개국의 정치적 현황을 파악하고 경제적 변화와 가능성을 분석하여 관심있는 기업들에게 제공하고 있습니다. 카자흐스탄은 유라시아 대륙의 핵심으로 최근 경제적으로 매우 빠른 변화를 경험하면서 국제사회에서 그 입지를 굳건히 하고 있는 국가입니다. 아제르바이잔은 터키와 민족과 언어적 배경에서 매우 유사합니다. 양국 모두 풍부한 지하자원 보유국이라는 공통점을 보유하고 있기도 합니다.

'그 지역 바르게 알기'라는 표현과 일맥상통하는 종합적인 지역연구는 해당 지역민을 둘러싼 제반 환경과 생활 및 문화에 대한 종합적 연구가 필요합니다. 그 목적은 제국주의 시대와 같이 착취와 이용을 목적으로 한 강대국의 이익 추구 도구가 아니라 공동의 번영을 추구하는 사명을 전제로 해야 합니다. 또한 지역간 교류의 활성화는 연구자들만의 몫이 아닙니다. 소수의 연구자보다 지역문화를 이해하고 국제적 변화에 적응해 갈 수 있는 상식을 가진 다수의 출현이 오히려 더 중요합니다. 다양한 경로를 통해 타문화의 역사, 문화 및 사회 제도 등에 관한 정보가 제공되고 보편화되어야 건전하고 적응력이 강한 다수가 형성될 수 있습니다. 특히 자원이 절대적으로 부족한 우리나라는 대외 협력을 통해 새로운 부가 가치를 창출할 인력이 긴요합니다. 따라서 지역에 대한 교육의 확대와 정보의 공유는 국가발전의 원력이 될 수 있습니다. 이것이 바로 중앙아시아연구소가 투르크 지역에 대한 신흥지역연구시리즈를 발간하게 된 배경입니다.

2014년에 우리 연구소는 첫 번째 책이었던 『투르크-중앙아시아: 이해를 넘어 상생으로』에 실린 투르크 경제권 국가들의 문화, 경제 관계, 발전 전망 등에 관한 20여 편의 글을 통해 그간 연구 성과의 대중적 확산을 시도하였습니다. 두 번째 책은 첫 번째 책이 상대적으로 문화 부문에 대한 소개가 적었던 아쉬움을 감안하여 『투르크 민족의 문화이야기』라는 부제를 달고 2015년에 발간되었습니다. 터키와 중앙아시아인의 삶과 문화 및 이와 관련이 깊은 사회 현상들을 소개한 17편의 글들을 통해 독자들은 지역문화와 지역민의 삶에 대한 이해를 심화할 뿐 아니라 그들의 인식과 삶을 관통하는 공동의 뿌리를 확인하는데 도움을 받을 수 있었습니다.

세 번째 책은 부제인 '투르크경제권 가능성의 현장'이 암시하듯 경제와 국가발전 전략에 초점을 두고 준비되었습니다. 최근 신흥지역, 특히 자원을 기초로 경제적 성장의 동력을 얻어 왔던 지역들에 대한 관심이 가라앉는 추세가 뚜렷하게 감지되고 있습니다. 세계적 저유가 시대와 테러를 비롯한 각지의 정치적 변화들이 중첩되며 글로벌 경제에 직접적 영향을 미치고 있는 것도 사실입니다. 투르크 문화권 국가들이 글로벌 경제권에서 뚜렷하게 부각되는 경제권역으로 입지를 확보한 단계도 여전히 아닙니다. 이런 추세에도 불구하고 투르크 민족 국가들간 상호 협력 관계는 최근에도 분명히 심화되고 있습니다. 동시에 각 국가의 특수성도 분명 존재합니다. 따라서 경제 분석이나 정책 평가에서 각국에 대한 분리적 접근과 동시에 공통성에 감안한 통합적 접근을 놓치면 안된다는 점은 경제 분야에서도 여전히 유효합니다.

책은 크게 두 부분으로 나눌 수 있습니다. 앞부분에서는 최근의 새로운 국면에서 투르크 경제권의 가능성을 두 편의 글로 검토하고 있습니다. 이후 두 번째 부분에는 투르크 경제권으로 묶을 수 있는 개별 국가들의 주요 경제발전 전략과 현지 진출 사례를 검토하는 5편의 글을 배치했습니다. 개별 국가들의 전략 분석과 현지 진출 사례는 우리 연구단 소속 연구자만 아니라 국내외 전문가가 참가하고 있고, 여기에 현지 지사장 출신으로 현재는 연구자의 길을 걷고 있는 분의 생생한 현장 목소리까지 담았습니다. 또한 본 연구단의 연구 범주 국가에 포함되지 않았던 키르기스스탄과 투르크메니스탄을 본 책에 포함시켜 비교와 참조가 될 수 있도록 한 점도 새로운 시도라고 여겨집니다.

이 책에 실린 글 중에 우리 연구소가 계간으로 발행하는 이슈페이퍼 『투르크경제권』에 소개된 내용을 수정하고 보완한 내용이 들어 있습니다. 이슈페이퍼가 한국연구재단의 지원을 받아 수행중인 우리 연구소의 신흥지역 연구 사업의 성과물이라는 점에서 이 책의 많은 부분이 한국연구재단의 지원을 힘입은 바 큽니다.

세 번째 책이 세상에 선을 보이는 과정에서 많은 분들의 수고와 도움이 있었습니다. 촉박한 일정에도 불구하고 좋은 원고를 보내주신 필자들에게 무엇보다 감사의 마음을 전합니다. 더불어 책의 기획과 실질적인 준비를 진행하신 연구소 소속 교수님들과 각양각

색의 원고를 통일성 있게 다듬으며 꿰어내느라 고생한 방일권 박사님의 수고가 있었습니다. 어려운 출판 환경 속에서도 기꺼이 출간을 맡아주신 다해 출판사 관계자의 노고에도 감사드립니다.

급작스런 쿠데타 등 정치적 격변으로 인해 터키 지역에 대한 원고를 최종 단계에서 들어낼 수밖에 없었던 점은 책의 통일성과 발간 목적에 비추어 어쩔 수 없는 선택이었다고는 해도 아쉬움으로 남아 있습니다. 아무쪼록 우리의 세 번째 걸음인 이 책이 독자들에게는 투르크 지역에 대한 애정과 관심을 갖는 계기가, 그리고 우리 연구소에는 후속 연구를 자극하고 촉발할 수 있는 촉매가 되기를 기대합니다. 앞으로 더 나은 내용에 깊이와 대중성을 겸비한 글들로 신흥지역연구시리즈가 계속 채워지도록 노력할 것을 약속드립니다.

2016년 8월
중앙아시아연구소장 **김 대 성** 교수

박지원

투르크 경제권의 성장 가능성과 발전 전망

▰ 글로벌 경기둔화와 투르크 경제권

최근 글로벌 경제의 불황이 지속되고 있다. 국제유가가 저점을 지났다고 관측되고 있으나 한때 배럴당 100달러를 상회하던 유가는 한동안 30달러 대에서 등락을 계속하기까지 했다. 원유가격을 중심으로 원자재 가격이 하락하면서 주로 천연자원을 수출하는 신흥국 경제도 어려움을 겪고 있다. 주요 원유 수출국인 러시아 및 중남미 국가들은 성장률 둔화, 경상수지적자, 정부재정수입감소, 물가상승, 실업률 증가 등 전방위적인 경기불황 및 경기침체 상황에 직면하고 있다. 일부 국가들은 불거진 대외부채 문제로 인해 국제금융기구에 구제금융을 신청하기도 하였다.

세계적인 경기불황의 시기에 투르크 경제권의 신흥국가들 역시 부정적인 영향을 피해가기 어려운 국면이다. 터키는 원유수입국으로서 저유가 수혜 및 점진적인 유럽경기의 회복세, 그리고 대립하던 러시아와의 관계 회복 등이 갖는 긍정적인 영향을 기대하고 있으나 최근 계속되는 테러에 이은 정치적 격변과 이에 따른 불확실성이 경제에 드리우는 그림자로 성장에 제약을 받고 있는 상황이다. IMF는 2016년 터키의 경제성장률이 약 2.9%에 그칠 것으로 전망하고 있다.

카자흐스탄은 원유수출이 자국 경제에서 차지하는 비중이 매우 높아 국제유가 하락은 경제성장에 큰 걸림돌이 되고 있다. 여기에 최근 카샤간(Kashagan) 유전의 원유생산 재개시기가 불투명해지고 있으며 경제다각화 정책의 가시적인 효과가 나타나지 않으면서 거시적인 경제운용의 틀이 흔들리는 모습이다. 아제르바이잔의 경우는 더욱 심각하다. 국제유가 하락으로 인해 재정수입이 감소하면서 정부는 IMF로부터 긴급자금을 지원받았다.

투르크 경제권 국가중 우즈베키스탄의 경우는 그나마 사정이 나은 편이다. 러시아 경기불황의 영향으로 대러 수출 및 근로자 송금이 대폭 감소하기는 하였으나 우즈베키스탄은 2016년에도 견조한 경제성장 및 제조업 발전이 지속될 것으로 예상되고 있다. 정부의 제조업 육성 정책이 지속적으로 추진될 것으로 보이며 대외적으로 부정적인 경제환경 속에서 다른 국가들에 비해 상대적으로 양호한 모습을 보여주고 있다. 다음의 [그림 1]은 우즈베키스탄의 경제성장률과 산업구조를 보여주고 있다. 2015년 하락하기는 하였으나 경제성장이 지속되고 있으며 산업구조 역시 최근 수년간 제조업 위주로 변모하고 있다.

[그림 1] 우즈베키스탄의 경제성장과 산업구조

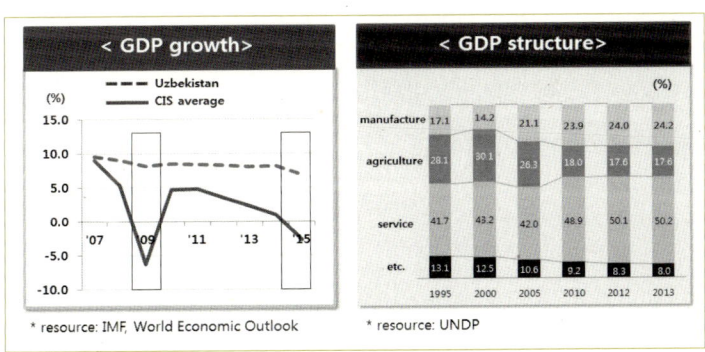

* 자료: 저자 작성

하지만 우즈베키스탄 역시 주변 국가들의 경기침체가 장기간 지속될 경우 그 영향에서 벗어날 수 없다. 특히, 우즈베키스탄의 주요 수출국인 러시아의 경기회복이 주요 관건이며 중국의 투자 역시 내수 경기회복의 중요한 요인이 될 것이다.

현재 글로벌 경기불황이 진행형인 가운데, 이들 투르크 경제권 국가들은 단기적으로는 경기불황 극복이라는 과제에 직면하고 있을 뿐만 아니라, 터키의 경우 고부가가치 제조업 육성, 카자흐스탄·우즈베키스탄·아제르바이잔의 경우는 자국 내 제조업 육성이라는 산업패러다임 전환의 시기에 놓여있다. 이들 국가들에게 장기간 경제성장의 동력이 되었던 높은 수준의 국제원자재 가격이 하락하면서 위기는 각 국의 경제전반에 걸쳐 빠르게 확산되고 있다. 많은 글로벌 금융기관과 매체들은 신흥국이 과거처럼 높은 경제성장을 구가하던 시기가 다시 오기는 어려울 것으로 예측하고 있으며 향후 수년간은 선진국 경기가 신흥국보다 나을 것으로 전망한다.

투르크 경제권내의 긍정적 요인

신흥국 경기에 대한 여러 가지 국제기관의 부정적인 전망과 터키, 카자흐스탄, 우즈베키스탄, 아제르바이잔 등의 투르크 경제권의 최근 부정적인 경제성과에도 불구하고 이들 투르크 경제권 국가들에게는 경기개선에 대한 몇 가지 긍정적인 요인들이 작용한다. 긍정적인 요인들은 몇 가지 외부적 요인들로 구분할 수 있는데 중·단기적으로 이들이 상호 작용을 하면서 부정적인 요인들을 일정부분 상쇄할 수 있는 역할을 할 것으로 기대된다.

첫 번째 긍정적인 요인은 최근 바닥을 다지고 재상승하고 있는 원유가격의 상승이다. 2015년 연중 지속적인 하락세를 보이던 국제유가는 2016년 1분기를 저점으로 미약하나마 상승기조를 이어갈 것으로 전망되고 있다.

[표 1] 국제원유가격 변동

연도	2015	2016(F)				2017(F)			
분기	4	1	2	3	4	1	2	3	4
가격	41.9	31.4	34.7	35.0	35.0	36.4	38.0	41.0	45.0

* 주: 각 분기별 WTI 배럴당 평균가격(USD)
* 자료: EIA, Short-term Energy Outlook, March, 2016

EIA의 전망에 따르면, 2016년 1분기 국제원유가격은 평균 31.4달러로 저점을 기록한 후 2분기에는 34.7달러, 3-4분기에는 35달러의 상승세를 이어가고 2017년 하반기에는 40달러대를 회복할 것으로 예측되고 있다. 이와 같은 원유가격은 국제원유가격이 본격적으로 하락하기 이전인 2014년 상반기의 100달러 대에는 훨씬 미치지 못하는 수준이나 원유가격이 더 이상의 하락세를 멈추고 저점을 찍었다는 데 의의가 있다. 또한 유가가 더 이상 산유국들에게 경기하락의 요인으로 작용하지 않을 것이라는 안도감을 주기도 하였다. 물론 수요 요인 가운데 대표적인 중국의 경기둔화에 따른 수요 감소, 공급 요인 중에서는 산유국인 이란의 원유수출 재개로 인한 공급과잉 우려 등이 해소되지 않았으나 미국과 EU 등 선진국을 중심으로 경기회복세가 계속된다면 더 이상 원유가격 하락의 기조는 없을 것이라는 것이 일반적인 전망이다.

국제유가가 미약하나마 점진적인 회복세를 보인다면 원유수출국이자 원자재 수출에 의존하는 투르크 경제권 국가들은 경기회복에 탄력을 받을 수 있을 것이다. 카자흐스탄, 아제르바이잔, 우즈베키스탄 등의 국가들은 원유 및 원자재 가격 회복으로 경제성장과 더불어 재정여건도 개선될 것으로 판단된다. 다만, 현재의 전망으로는 유가상승세가 점진적으로 나타날 것으로 예상됨에 따라, 급격한 경기개선을 기대하기는 어려울 것이다. 반면, 원유 수입국인 터키에게 유가상승은 경제에 부정적인 요인으로 작용할 수 있다. 그러나 터키는 유가상승에 따른 중동 및 중앙아시아 국가와 EU의 경기회복에 따른 소비재 수출이 확대되는 효과를 기대할 수 있어 유가상승으로 인한 터키 경제의 부담은 상쇄될 수 있을 것이다.[1)]

▎ 투르크 국가들의 사업환경 개선

투르크 경제권의 두 번째 긍정적인 요인은 전반적으로 각 국가들의 사업환경이 개선되고 있다는 점이다. 경제성장에 있어서 기업이 기여하는 영역이 확대되고 기존 산업의 성장이 한계를 나타내고 있는 가운데, 새로운 기업의 투자와 창업은 지속적인 경제발전을 위해서는 필수적인 요인이다. 특히 신흥국의 경우 축적된 자

---

1) 터키의 경제규모는 GDP 기준으로 현재 약 세계 17위에 해당되며 이는 2001년 대비 GDP가 약 3배 가량 성장한 결과이다. 2000년대 연 평균 약 8%라는 빠른 성장을 통해 중동 최대 규모의 경제대국으로 자리매김하였으며 1인당 국민소득은 약 12,000달러에 이르고 있다. 그러나 최대 교역국인 EU의 경기불황으로 인해 2012년 경제성장률은 2.1%에 불과하였고 이후 2015년까지 2~4% 대의 저성장 기조를 보이고 있다. 교역규모가 크고 소비재 수출의 비중이 높아 주요 교역국인 EU의 시장회복이 무역수지에 큰 영향을 주고 있다.

본이 적고 국내 기술력이 약하기 때문에 외국자본의 국내투자가 활발히 이루어진다면 경제발전에 긍정적인 영향을 주게 된다.

  세계은행(World Bank)은 매년 전 세계 185개국을 대상으로 해당 국가에서 기업의 비즈니스 환경을 10가지 기준에 의해 평가하고 있다. 10가지의 기준은 각각 해당되는 하부 항목 점수의 평균으로 계산되며 각각의 기준은 다른 국가들의 평균 및 순위와 직접 비교가 가능하다. 세계은행의 평가기준은 지나치게 서구 위주의 사업 편의성을 반영한다는 단점이 있으나 일반적으로 기업이 사업을 운영하는 환경을 단순화하여 계량화하고 그 결과를 다른 국가들과 쉽게 비교할 수있는 장점이 있다. 또한 매년 동일한 항목에 의한 조사가 이루어지고 있어 특정 국가에서의 비즈니스 환경이 어떻게 변화했는지 파악하기가 쉽다.

[표 2] 항목별 사업환경 순위

항목	터키	카자흐스탄	우즈베키스탄	아제르바이잔
기업창업	94(88)	21(53)	42(64)	7(11)
건축허가	98(108)	92(100)	151(149)	114(138)
전기공급	36(35)	71(68)	112(108)	110(104)
기업등록	52(51)	19(25)	87(113)	22(21)
대출	79(71)	70(71)	42(105)	109(105)
투자자보호	20(20)	25(64)	88(87)	36(54)

세금	61(56)	18(17)	115(117)	34(33)
무역환경	62(61)	122(121)	159(158)	94(93)
계약이행	36(17)	9(14)	32(32)	40(40)
기업청산	124(102)	47(63)	75(75)	84(85)
전체순위	55(51)	41(53)	87(103)	63(63)

* 주: 각 숫자는 전체 185개국 중 2016년 순위를, 괄호 안은 2015년 순위를 나타냄
* 자료: World Bank, Doing Business

앞의 표에서 보는 것처럼 투르크 경제권 국가들은 기업의 창업과 투자에 대한 사업환경이 점차 개선되는 모습을 보이고 있다. 각 항목마다 순위의 등락이 있으나 카자흐스탄과 우즈베키스탄의 경우 전체 순위가 2015년 대비 큰 폭으로 상승한 것으로 나타나고 있다. 카자흐스탄은 국가 거시경제운용의 큰 방향인 '카자흐스탄 2050'계획에 의거하여 경제정책을 시행하고 있는데, 대외개방형 경제시스템을 유지하면서 외국인 투자의 적극적인 유치를 위한 사업환경개선은 카자흐스탄 정부의 주요 과제중 하나이다.

[그림 2] 카자흐스탄 경제성장의 성과

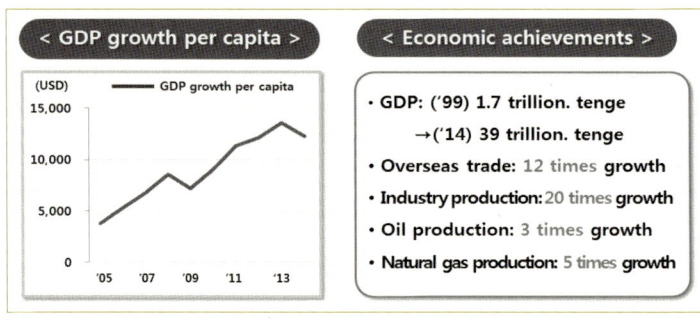

* 자료: 저자 작성

    우즈베키스탄의 경우도 2008년 글로벌 금융위기 이후 연간 7-9%의 높은 경제성장률을 이어오고 있으며 경제 및 사회 각 부문에서 점진적인 개혁 정책을 추진해 오고 있다. 특히 외국인 투자를 유치하기 위해 외국 투자자들과의 합작회사의 활동을 촉진시키기 위한 법안을 마련하고 기업자산 소유의 법적 보장과 투자혜택을 제공하는 법률을 제정하는 등 다양한 시스템을 구축하고 있으며 이러한 노력이 순위에 반영되어 있다.

    다만, 터키는 전체 순위가 2015년 51위에서 2016년 55위로 4단계 하락하였다. 터키는 그동안 자국 산업 발전을 위해 외국인 투자를 적극적으로 유치하였고, 풍부한 국내생산인력을 기반으로 유럽시장의 생산기지 역할 수행을 통해 경제성장을 이루어 냈다.

적극적인 외국인 투자 유치를 기반으로 한 제조업 생산기지화는 터키 경제성장에서 중요한 요인이며 정부정책의 전환은 나타나지 않고 있다. 따라서 터키는 향후에도 대외개방적인 정책 기조 아래 외국인투자 유치확대 기조를 이어나갈 것으로 생각된다.

중국의 '일대일로'정책과 신실크로드 경제벨트

투르크 경제권의 세 번째 긍정적인 요인은 인접국인 중국의 성장과 '일대일로(一帶一路)'·'신실크로드 경제벨트' 추진의 영향이다. 중국은 최근 경제성장이 7% 이하로 떨어지는 등 과거의 고성장세를 지속하지 못하고 있으나 다른 신흥국과 대비하면 여전히 좋은 경제성과를 보여주고 있는 것이 사실이다. 이미 2000년대 초반부터 중국은 중앙아시아 주요국에 대한 자원 및 파이프라인 투자를 통해 지역 경제에 큰 영향을 미쳐왔다. 카자흐스탄, 우즈베키스탄, 투르크메니스탄 등 자원수출국들은 현재 각종 자원수출의 상당부분을 중국에 의존하고 있는 상황이다.

중국은 지난 2013년 '일대일로' 정책과 '신실크로드 경제벨트' 정책을 추진할 것을 천명하였다. 일대일로 정책은 중국과 서쪽으로 면한 인접국에 대한 중국의 지원을 통해 철도, 도로, 항만 등의 인프라를 구축하고 이를 통해 궁극적으로 중국의 상품을 수출하고 중국의 영향력을 확장하는 데 있다.

[그림 3] 중국의 '일대일로'연결루트

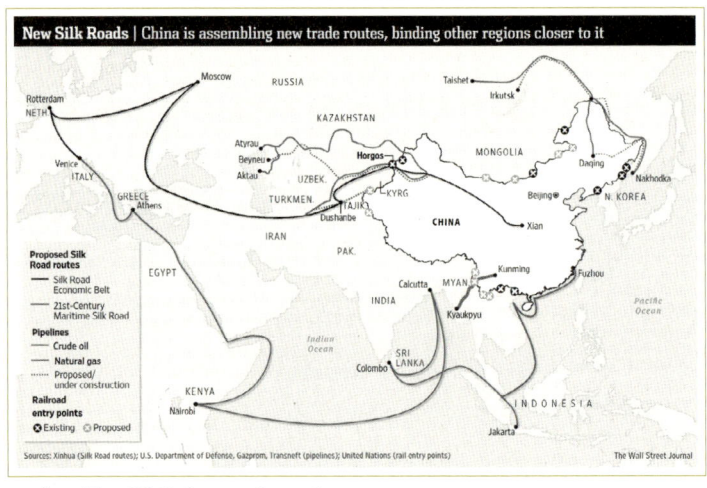

* 자료: The Wall Street Journal

중국의 일대일로 정책의 핵심지역이 바로 투르크 경제권 지역이며 그 중에서도 중요한 지역은 카자흐스탄과 우즈베키스탄이다. 중국의 서안에서 카자흐스탄을 연결하는 운송루트는 일대일로 정책의 핵심 경로이다. 카자흐스탄 정부는 중국과 면한 이 지역인 '호르고스(Horgos)'를 경제특구로 지정하고 중국으로부터의 물류

가공 및 집산의 중심지로 활용하고 있다. 이 경제특구를 통해 경제중심 도시인 알마티를 중앙아시아의 물류 및 생산거점으로 성장시키고자 하고 있다. 이 특구는 2011년 11월 대통령령에 의해 설립되었으며 카자흐스탄의 2020년까지 경제성장에 매우 중요한 역할을 담당하게 될 전략적인 경제특구이다.[2] 본 경제특구는 중국 상품의 생산과 물류기지 역할을 담당하도록 설계되었는데 중국 동부지역의 연륜강 인근에 카자흐스탄 정부가 건설한 물류기지로부터 상품을 수집하는 중간 허브 역할을 하게 되며 이곳으로부터 유라시아 전역으로 상품을 배송하는 물류중심지가 된다.

    중국의 일대일로 정책에 의거하여 카자흐스탄, 우즈베키스탄을 관통하는 도로, 철도 운송루트가 터키까지 연결되는 것은 지역 경제 발전의 가장 큰 걸림돌 가운데 하나인 대외루트의 폐쇄성을 해소하는 데 큰 도움을 줄 것이다. 카자흐스탄, 우즈베키스탄, 아제르바이잔 등은 바다를 통한 대외출구가 막혀있어 국제 상품교역에서 소외된 지역으로 간주되어왔다. 그러나 중국의 정책추진을 통해 동서를 연결하는 인프라가 구축될 경우 자국의 인프라 개선뿐만 아니라 물류허브로서의 역할도 기대할 수 있게 된다. 터키는

---

2) 호르고스-이스턴 게이트 홈페이지, (http://sezkhorgos.kz/ru/o-kompanii.html, 검색일: 2016년 3월 13일)

EU중심의 대 서방교역에서 벗어나 물류환경 개선을 통해 아시아와의 교역을 확장할 수 있는 전기를 마련할 수 있다. 서구에 비해 상대적으로 역동적인 아시아 경제에 대한 접근성 강화는 소비재 수출을 중심으로 하는 터키 경제발전에 큰 도움을 줄 수 있다.

이러한 과정에서 중국이 향후 추진하는 신실크로드 경제권 정책은 중앙아시아 지역을 중심으로 투르크 경제권을 포괄하는 중국의 종합적인 경제협력 방안이 될 것이다. 아직까지 구체적인 시행정책은 알려지지 않았으나, 일대일로 정책 실현의 연장선상에서 인프라 개발과 산업협력 등을 포괄하는 정책이 될 가능성이 높다. 투르크 경제권 국가들이 현재 제조업 발전을 통한 산업화의 본격적인 단계에 진입하고 있다고 본다면 중국과의 경제협력은 이들 국가들의 경제정책 실현에 도움을 줄 수 있을 것이다. 다만, 중국산 저가소비재의 무분별한 진입은 차단하되 중국과 차별화된 산업육성에 힘써야 할 것이다.

지금까지 살펴본 것처럼 투르크 경제권은 외부의 다양한 요인들로 인해 향후 성장가능성이 높다. 이러한 외부요인들은 각국이 추진하는 다양한 경제성장 정책과 조응하면서 경제발전에 긍정적인 영향을 줄 것으로 기대된다. 신흥국으로서 각 국가들이 갖는 다양한 한계에도 불구하고 경제발전에 대한 정부의 의지와 정책

추진은 그 어느 때보다 강력하다. 앞으로 투르크 경제권의 발전이 기대되는 또 하나의 이유다.

박지원 (대한무역투자진흥공사 연구위원)

성원용

교통물류를 중심으로 한 한·중앙아간 협력 가능성

▎한·중앙아 관계에 대한 회고

한국에게 중앙아시아는 '매력적'인 지역이다. 풍부한 지하자원이 매장된 이들 국가들과의 교역·투자관계 확대는 대외의존적인 한국경제가 향후 지속가능한 경제성장을 이어갈 수 있는 물적 토대다. 최근 아태지역의 지정학적·지경학적 환경이 급변하는 상황에서 중앙아시아 국가들과의 긴밀한 협력체제 구축은 한국의 외교 전략을 실현하는 공간적 범위를 확장시킬 수 있고, 나아가 안보 위협 요소에 공동 대응할 수 있는 잠재적인 연대의 축을 제공하게 된다. 경쟁과 패권 의식이 여전히 꿈틀거리는 동북아에서 주변 '제국'으로부터 양자택일의 선택을 강요받는 외교 현실에서 그 강력한 자장을 뚫고 유라시아로 진출할 수 있는 연대의 축들이 필요한데, 중앙아시아는 바로 그 무대를 제공한다.

한국의 지도자들이 그 어느 지역보다 자주 중앙아시아를 순방한 것도 그러한 까닭이 있었다고 여겨진다. 이제 한국과 중앙아시아 사이에는 포괄적 협력을 강화하는 '전략적 동반자관계'(strategic partnership)가 설정되었다. 그리고 에너지·자원 분야의 협력을 포함하여 다양한 경제·통상 분야에서 실질협력을 증진하려는 노력이 가속화되고 있다.

한국의 對중앙아시아 관계에는 적잖은 문제점들도 발견된다. 무엇보다도 한국의 중앙아시아에 대한 이미지는 부분적으로 '왜곡'되어 있다. 한국은 호혜적, 수평적 관계에서 중앙아시아를 인식하기보다는, 자본수출국으로서 저발전 자원부국 또는 거대 소비시장으로 바라본다. 주로 자원과 소비재를 교환할 뿐, 여타 산업협력은 매우 저조한 현재의 경제관계가 그러한 현실인식을 증거한다.

'한국형 발전모델'을 중앙아시아 공간 전체로 확장하려는 신화

생산확산에 몰입하려는 자기중심적 태도도 바람직하지 않다. 토대와 문화가 다르고 제도와 관행이 다른 지역에서 기계적으로 이식된 모델은 생산적이기보다 오히려 파괴적일 수 있음을 명심해야 한다. 이제 우리는 유라시아에서 신대륙주의(Neo-continentalism)의 기세가 강렬하고, 유라시아의 패권적 질서를 놓고 격돌하는 '제국'의 각축과 합종연횡이 가시화된 상황에서 '어떻게' 중앙아시아와 '함께' 유라시아시대를 준비할 것이며, '어떻게' 그들과 '연대하는' 지정학·지경학의 루프(loop)를 구축할지를 고민해야 한다. 그동안 우즈베키스탄, 카자흐스탄 등과 '전략적 동반자관계'를 설정하는 성과를 거두었지만, 실질관계가 내실화되지 못했던 원인은 어디에 있는지 반성도 필요하고, 상대국의 '전략적 이해관계'를 충족시키는 호혜적인 협력 사업들을 지속적으로 발굴해나가는 노력도 필요하다.

이러한 측면에서 중앙아시아와의 교통물류 협력은 양자간 '전략적 이해관계'가 상호 일치되는 부문이다. 한국의 유라시아 이니셔티브가 투사되는 지역이 중앙아시아이고, 중앙아시아의 실크로드 구상의 최동단은 한반도이다. 어떻게 이들 구상을 실현하는 과정에서 상호 시너지효과를 극대화할 수 있을 것인가?

중앙아시아 교통물류체계의 중요성

중앙아시아에서 교통물류체계의 발전은 이들 국가들의 대외교역 발전과 세계경제로의 편입 관점에서 매우 중요한 역할을 담당한다. 중앙아시아에서 교통물류의 발전이 중요한 의미를 갖는 이유는 중앙아시아가 처해 있는 지리적 위치와 지정학적 환경 때문이다.

대다수의 국가들은 내륙국가(landlocked country)이다. 국제교역의 80% 이상이 해상운송에 의해 이루어지는 현실을 고려할 때 직접 바다로 진출할 수 있는 출해 통로가 없다는 사실이 특히 중앙아시아에서 교통물류체계가 갖는 중요한 전략적 의미를 반영한다. 또한 중앙아시아 각국의 대외교역 발전은 일국의 교통인프라의 발전만이 아니라 인접 국가들의 교통물류체계와 어떤 유기적 협력·공조체제를 유지하는가에 크게 좌우된다. 즉 교통물류 측면에서 주변 국가들과의 연계성(connectivity) 여부가 경제발전을 결정짓는 관건이다.

중앙아시아의 교통체계

중앙아시아의 교통인프라는 경제발전이 비슷한 수준에 있는 여타 국가들과 비교할 때 상대적으로 발달된 철도·도로 교통 인프라를 갖추고 있다. 그러나 여전히 역내통합(또는 국제교역)의 관점에서 연계 네트워크의 부족이라든지, 낙후된 인프라 시설, 인프라 유지·보수 자금의 부족 등은 해결되어야 할 중대한 문제로 남아 있다. 중앙아시아 역내에는 일정한 수준의 통합교통망이 존재하고 있지만, 교통물류 측면에서 관찰해보면 그 성격이 일정 부분 왜곡되어 있다는 것을 알 수 있다.

중앙아시아의 교통로들은 과거 소비에트 시기에 건설된 것들로서 현존하는 중앙아시아 국가들의 국경을 특별히 고려하지 않은 결과물이다. 사실상 중앙아시아 대부분의 교통 인프라는 그 방향이 보여주듯 러시아와 직접 연결되는 통로로서의 의미를 가진 교통로들이며, 중앙아시아 각국을 통합·연계하는 네트워크는 미발달되어 있다.

향후 중앙아시아에서는 동-서 축, 특히 EU와 중국을 연결하는 국제운송로의 활성화와 관련하여 육상교통 인프라를 개선하는 노력이 가속화될 것이다. EU와 중국은 서로를 필요로 하고 있고,

두 지역을 상호 연결할 수 있는 직통로를 확보하기 위해 중앙아시아의 교통물류 시장에 경쟁적으로 뛰어들고 있다. 특히 중국은 이미 유라시아대륙의 교통물류체계를 발전시키는 데 있어 독립적인 행위자로 성장했다. 중국은 중앙아시아와 아태지역을 연결하는 통과국으로서의 입지를 활용하기 위한 '일대일로'구상을 추진 중이다. 중앙아시아 국가들은 한편으로는 중국 경제의 급부상과 영향력 팽창을 두려워하고 있지만, 다른 한편으로는 중국으로부터의 지원과 경제협력 강화를 위해 운송협력을 확대해야만 하는 상황에 처해 있다.

중앙아시아 경제에서 교통부문의 역할은 지속적으로 증가하고 있다. 특히 2000년대 들어 급속한 경제성장에 힘입어 중앙아시아의 물동량은 전반적으로 큰 폭으로 상승했다. 2009년 글로벌 금융위기의 여파로 카자흐스탄의 경우에는 화물운송 실적이 전년 대비 3%가 감소되는 결과를 낳았지만, 우즈베키스탄의 경우에는 오히려 17%나 증가하는 결과가 나왔으며, 이후 안정적인 증가 추세를 이어가고 있다.

2000년 대비 최근 실적을 보면 중앙아시아 국가들의 화물운송 규모가 얼마나 증대했는지를 가늠할 수 있다. 아래의 <표 1>에서 보듯이 2013년 카자흐스탄과 타지키스탄의 화물운송실적은 각각

2000년의 2.84배와 2.61배로 증대되었고, 키르기스스탄과 우즈베키스탄의 경우에는 각각 2000년의 1.86배와 1.80배로 증대되었다.

<표 1> 중앙아시아 국가들의 화물운송실적(파이프라인 운송 제외)

	2001	2005	2008	2009	2010	2011	2012	2013
전년 대비 실적(%)								
카자흐스탄	109	104	103	97	116	123	109	109
키르기스스탄	97	91	121	107	101	105	107	104
타지키스탄	100.8	115	107	125	105	101	102	100.4
투르크메니스탄[1]	…	…	…	…	107	104	108	108
우즈베키스탄	94	106	109	117	110	108	104	105
2000년 대비 실적(%)								
카자흐스탄	109	150	173	168	195	239	262	284
키르기스스탄	97	106	148	158	160	167	178	186
타지키스탄	100.8	155	192	239	251	254	260	261
우즈베키스탄	94	93	119	139	153	165	172	180

주: 1) 파이프라인 운송 포함
자료: Межгосударственный статистический комитет Содружества Независимых Государств, http://www.cisstat.org

물류환경

중앙아시아의 물류서비스 환경은 형태, 가격, 질 등 모든 측면에 있어서 전반적으로 낙후되어 있다. 이것은 일차적으로 안정적이고 효율적인 물류서비스를 가능케 하는 물리적 측면의 운송인프라가 낙후되어 있기 때문이다. 또한 중앙아시아의 물류서비스 환경이 열악한 것은 비물리적 측면의 장애요인으로서 물류서비스의 효율성을 제고할 수 있는 법적 규제 체계가 아직 제대로 정비되지 않았기 때문이다.

국제운송업자들의 중앙아시아 국가들에 대한 반응은 매우 부정적으로 나타난다. 이것은 무엇보다도 불투명한 규제체계와 관행 등으로 과다한 운송시간과 비용이 소요되고, 정시성이 확보되지 않는 등 예측가능성이 떨어지며, 부패 문제까지 심각하여 추가적인 운송비용을 발생시키기 때문이다. 특히, 국경지점에서의 과도한 규제 등에 따라 통관지연 사태가 발생하고, 또한 수많은 할증료를 부과하는 등 비우호적인 정책이 진행됨에 따라 중앙아시아가 가진 통과운송의 잠재력을 키워나가지 못하고 있다.

지금까지 진행된 물류서비스 개선 노력에 비추어본다면 중앙아시아 국가들의 물류경쟁력은 크게 바뀌지 않은 것으로 판단된다. 현재 세계은행은 전 세계 국가들을 대상으로 통관, 물류인프라, 물류경쟁력, 트랙킹 & 트레이싱(tracking & tracing), 운송적시성 등의 분야별 지표를 종합하여 물류성과지수(Logistics Performance Index: LPI)를 발표하고 있다. 2007년 150개국, 2010년 155개국, 2012년 155개국, 2014년 160개국을 대상으로 한 지표 종합 결과를 살펴보면, 중앙아시아 국가들은 대체로 중하위권에 머물러있다 (<표 2> 참조). 순위만을 놓고 본다면 2010년에는 2007년과 비교하여 전반적으로 대약진의 모습이 나타났지만, 2012년 지표에서는 다시 하락세로 반전하였고, 2014년의 지표에서도 타지키스탄을 제외하면 모든 국가들의 LPI 순위는 하락했다. 2015년과 16년 기간은 국제적인 제제와 경제불확실성의 증가에 따라 지표는 더욱 하락할 것으로 예상되고 있다.

LPI 순위의 하락 외에도 중앙아시아 국가들과 물류선진국 사이의 격차는 더 벌어지고 있다. 이들 중앙아시아 국가들의 물류서비스 수준은 전통적인 저소득국가들의 지표와 비슷한 수준을 유지하고 있으며, LPI는 물류선진국이라고 할 수 있는 최상위국(싱가포르, 독일) LPI의 50% 이내에 머물러있다. 2014년의 경우에 타지키스탄이 7.8% 포인트 올라선 것을 제외하면, 다른 국가들의 경우에는 그 차가 비슷하거나 더 악화되는 것으로 나타났다. 키르기스스탄의 경우에는 2012년과 비교하여 3.6% 포인트 하락하여 최상위 국가의 38.7% 수준으로 떨어지고 말았다.

<표 2> 중앙아시아 국가들의 물류성과지수 비교

연도		물류성과지수(LPI)			분야별지표					
		순위	점수	최상위대비(%)	통관	물류인프라	국제운송	물류기업경쟁력	트래킹&트레이싱	운송적시성
카자흐스탄	2007	133	2.12	50.5	1.91	1.86	2.10	2.05	2.19	2.65
	2010	62	2.83	58.9	2.38	2.66	3.29	2.6	2.7	3.25
	2012	86	2.69	54.2	2.58	2.60	2.67	2.75	2.83	2.73
	2014	88	2.70	54.4	2.33	2.38	2.68	2.72	2.83	3.24
키르기스스탄	2007	103	2.35	56.0	2.20	2.06	2.35	2.35	2.38	2.76
	2010	91	2.62	52.0	2.44	2.09	3.18	2.37	2.33	3.1
	2012	130	2.35	43.3	2.45	2.49	2.00	2.25	2.31	2.69
	2014	149	2.21	38.7	2.03	2.05	2.43	2.13	2.20	2.36
타지키스탄	2007	146	1.93	46.0	1.91	2	2	1.90	1.67	2.11
	2010	131	2.35	43.2	1.9	2	2.42	2.25	2.25	3.16
	2012	136	2.28	41.1	2.43	2.03	2.33	2.22	2.13	2.51
	2014	114	2.53	48.9	2.35	2.36	2.73	2.47	2.47	2.74
투르크메니스탄	2007	-	-	-	-	-	-	-	-	-
	2010	114	2.49	47.9	2.14	2.24	2.31	2.34	2.38	3.51
	2012	-	-	-	-	-	-	-	-	-
	2014	140	2.30	41.8	2.31	2.06	2.56	2.07	2.32	2.45
우즈베키스탄	2007	129	2.16	51.6	1.94	2.0	2.07	2.15	2.08	2.73
	2010	68	2.79	57.5	2.2	2.54	2.79	2.5	2.96	3.72
	2012	117	2.46	46.9	2.25	2.25	2.38	2.39	2.53	2.96
	2014	129	2.39	44.7	1.80	2.01	2.23	2.37	2.87	3.08
대한민국	2007	25	3.52	84.0	3.22	3.44	3.44	3.63	3.56	3.86
	2010	23	3.64	84.7	3.33	3.62	3.47	3.64	3.83	3.97
	2012	21	3.70	86.2	3.42	3.74	3.67	3.65	3.68	4.02
	2014	21	3.67	85.4	3.47	3.79	3.44	3.66	3.69	4.00

주: 2007년, 2012년 투르크메니스탄은 조사 대상에 포함되지 않았고, 2007년 LPI 최상위국은 싱가포르(4.19), 2010년은 독일(4.11), 2012년은 싱가포르(4.13), 2014년은 독일(4.12)이었음. 2007년 각국의 최상위대비 비율은 필자가 계산. LPI는 1~5 사이의 값임.
자료: World Bank.

유라시아 이니셔티브: 중앙아시아의 관점

중앙아시아는 전체적으로 한국의 '유라시아 이니셔티브'를 지지하는 입장을 표명하고 있다. 특히 카자흐스탄과 같이 유라시아경제연합(EEU)에 적극적으로 참여하고 있는 국가는 한국 정부의 '유라시아 이니셔티브'와 EEU를 연계할 수 있는 이해관계의 접점이 무엇인가를 고민하고 있다.

'유라시아 이니셔티브'를 통해 제기된 여러 사안들 중에서도 특히 중앙아시아 국가들은 '실크로드의 부활'을 알리는 SRX 사업에 커다란 관심을 표명하고 있다. 그것은 무엇보다도 중앙아시아가 내륙국가의 한계를 벗어나기 위해 교통물류적 측면에서 외국시장과 연계성을 확보하는 것이 절실하며, 아시아-유럽을 연계하는 데 있어 중앙아시아가 가진 통과수송로로서의 지리적 이점을 극대화하는 데도 SRX 사업이 중요한 기여를 할 수 있다고 판단하기 때문이다.

중앙아시아는 기본적으로 '유라시아 이니셔티브'가 유라시아대륙이라는 공간을 새롭게 조직하려는 야심찬 계획이라는 긍정적인 평가를 내리고 있다. 또한 이 제안이 아시아의 신뢰 구축이라는 차원에서 보면, 이전의 어떤 제안이나 구상보다도 갈등적 요소가 적다고 평가하고 있다.

카자흐스탄의 구밀료프 유라시아국립대의 M. Sydyknazarov는 이를 가리켜 "전략적, 전술적 성격의 극복할 수 없는 장애가 발견되지 않는다"는 표현으로 대체하고 있다. 그의 주장에 따르면 '대유럽'이라는 개념과 달리 '실크로드', '유라시아 공간'이라는 개념은 그것이 유라시아의 역사적, 정치경제적 진화에 뿌리를 두고 있다. 또한 '중심부-주변부' 모델에 따른 '유라시아 이니셔티브' 건설 요소가 없다는 점이 강조되고 있는데, 이것은 한마디로 공간적 배치가 전술적으로 비갈등적이라는 것을 의미한다. 또한 일반적으로 특정 국가가 여타 국가에게 자신의 구상을 제안할 때에는 동등한 권리, 신뢰의 문제들이 순차적으로 제기될 수도 있는데, 아시아 지역에서 '유라시아 이니셔티브'의 멘탈리티나 문화적 정체성과 같은, 극복할 수 없는 복잡한 난관들이 검토되지 않았다는 점을 지적하고 있다.[1] 이것은 무엇보다도 '유라시아 이니셔티브'가 갈등적 요소를 최소화하면서 공통의 이해관계를 극대화할 수 있는 실

---

[1] Mukhit Sydyknazarov, "Евразийский экономический союз и «Евразийская инициатива» - точки соприкосновения," *Strategic Cooperation between Korea and Kazakhstan in the Era of Eurasia*. APRC Proceeding Series, 2014-8. Asia-Pacific Research Center, Hanyang University. December 5, 2014.

용주의적 프로젝트를 제안했다는 것에서 비롯된 것이다. 하지만 정반대로 그것은 '유라시아 공간'의 정체성에 대한 개념적 정의가 결여되어 있기 때문에 참여하는 구성국들을 통합과 연대로 견인할 수 있는 내적 동기가 취약할 수도 있다는 것을 의미한다.

다른 한편으로 중앙아시아가 '유라시아 이니셔티브'에 대해 호의적인 태도를 보이는 것은 다음과 같은 두 가지 이유 때문이라고 판단된다. 하나는 '유라시아 이니셔티브'가 제안하고 있는 일련의 프로젝트 사업(교통회랑, 에너지회랑, IT회랑 등)이 현재 이들 중앙아시아 국가들이 추진하고 있는 국가발전전략의 구성 요소와 상당 부분 일치하기 때문이다. 내륙국가인 중앙아시아는 IT를 활용한 지능형 교통물류시스템을 구축함으로써 낙후된 교통물류체계를 현대화하고, 이를 통해 통과운송국의 입지를 다지겠다는 장기발전계획을 실천하고 있다. 또한 에너지 수송 인프라도 확충함으로써 자원수출과 관련된 네트워크의 다변화도 시도하고 있다. 이런 점에서 한국의 '유라시아 이니셔티브'는 경제발전 측면에서 중앙아시아가 당면한 과제를 해결하는 데 중요한 파트너라는 인식을 심어주는 데 큰 기여를 하고 있다.

또한 앞서 언급한대로 이 제안에는 명목적으로 '갈등적' 요소가 배제되어 있고, 국가간 다자협력에 있어 동등한 권리와 신뢰의 문제를 제기하는 중앙아시아 국가들의 전략적 접근에 정당성을 부여하고 있다. 소연방 붕괴 후 중앙아시아를 둘러싼 역외 국가들의 '신거대게임'이 전개되면서 중앙아시아는 어느 한 진영이나 세력에 편입되지 않고, 다양한 지역협력체에 적극적으로 참여하는 방식으로 대응해왔다. 러시아나 중국, 미국, 유럽 등 열강의 대립적 갈등 구도에 편입되지 않으면서 주권국의 자유로운 이익 실현을 모색하는 것이 중대하다고 판단하고 있기 때문이다.

실제로 카자흐스탄과 같은 경우에도 EEU 건설에 적극적으로 참여하고 있기는 하지만, 이 지역통합체의 역할과 기능이 당분간은 경제 영역에 제한되기만을 원하고 있고, 정치 및 안보 영역으로까지 급격하게 확장되는 것은 경계하고 있다. 그것은 무엇보다도 EEU를 주도하는 러시아의 '제국적 팽창' 및 힘의 불균형에 따른 카자흐스탄의 정치외교적, 군사안보적 자율성 약화를 경계하고 있기 때문이다. 따라서 '유라시아 이니셔티브'에 대해 중앙아시아 국가들은 다자협력의 공간적 범위를 확대함으로써 과도하게 힘의 축이 역외 국가의 한 곳에 경사되는 것을 방지하고, 역내 국가들의 산업경쟁력을 제고하는 실질적 경제협력을 촉진할 수 있을 것이라는 기대를 하고 있다.

▌ 교통물류 협력: 잠재력과 발전 전망

중앙아시아는 동서 교역을 연결했던 고대실크로드의 통과 지역이다. 중앙아시아는 교통·물류 측면에서 내륙국가라는 한계를 갖지만, 반면에 동서남북으로 교차하는 유라시아내륙의 중심에 위치하는 입지 자체가 아태지역과 유럽을 연결하고, 북방지역과 서남아시아를 연결하는 국제통과운송회랑으로서 거대한 잠재력이 된다.

<그림 1>에서 보는 바와 같이 유라시아 공간을 포괄하는 4개의 경제권들은 육상·해상 운송로로 직접 상호 연결되기도 하지만, 크게 <남-북>, <동-서> 축으로 놓고 보면 모두 다 중앙아시아와 연계된 운송루트를 형성하기도 한다. <동-서> 축으로는 EU-중앙아시아-중국이 연계되고, <남-북> 축으로는 러시아-중앙아시아-인도가 연계된다. 또한 대각선 방향으로는 중앙아시아를 통해 중국 서부지역과 중동지역이 연계되고, 북유럽이 인도와 연계된다. 따라서 한국은 유라시아 대륙의 통과운송 루트로서 뛰어난 입지조건을 갖고 있는 중앙아시아와의 교통물류 협력을 강화함으로써 본격적인 유라시아 진출 기반을 다지는 노력이 필요하다.

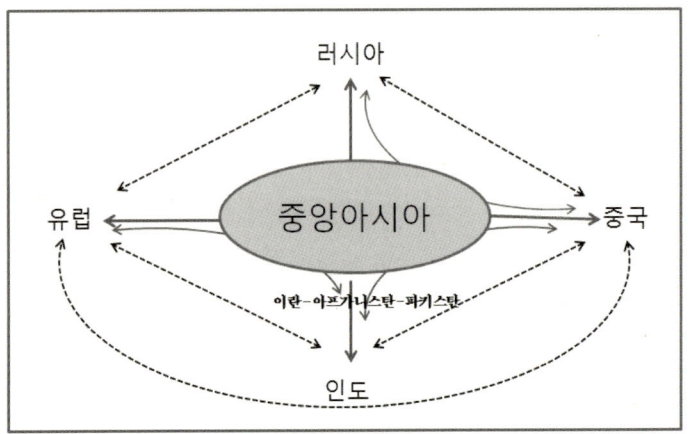

<그림 1> 유라시아 운송회랑의 물류체계

자료: Emerson, Michael and Evgeny Vinokurov. 2009. Optimisation of Central Asian and Eurasian Trans-continental Land Transport Corridors. EUCAM Working paper 07, December 2009.

 국제운송회랑(international transport corridor)은 단순히 사람과 물자를 이동시키는 운송물류체계의 문제가 아니라 '공간'을 지배하려는 지정학의 대상이다. 그래서 국제운송회랑은 '국제정치의 횡단선'이다. 이런 관점에서 현재 중앙아시아의 교통물류체계를 자신의 영향권 아래에 두려는 다양하면서도 매우 복잡한 지정학적 요소들이 어떻게 상호 영향을 주고받으며, 대립·갈등하는 양상으로 발전해가고 있는지를 주의 깊게 관찰해야 한다. 무엇보다도 지정학적 게임의 역동적인 판을 정확하게 읽어야 하며, 과연 한국이 이러한 지정학적 게임의 공간에서 어떻게 전략적 이익을 관철시킬 수 있는지 실천적 방안을 찾아야 한다.

예를 들어 EU의 TRACECA 프로그램이 영향권을 중앙아시아로 확장하려는 동진(東進) 전략이라고 한다면, 중국과 ADB가 주도하여 중앙아시아의 운송인프라를 건설하고 국제운송회랑을 개발하려는 CAREC 프로그램, 중국의 '일대일로' 계획은 동축에서 시작된 경제 성장 에너지를 EU 경제권까지 분출·연계시키려는 서진(西進) 전략을 배경으로 하고 있다. 여기에 러시아가 주도하는 종축, 즉 '남-북 국제운송로'(North-South International Transport Corridor)가 작동하고 있다. 러시아는 EU의 동진을 차단하고, 유럽-흑해-카프카즈-카스피해-중앙아시아로 연결되는 연대의 축을 뚫고 페르시아만, 남아시아와 새롭게 공고한 협력 벨트를 구축하는 전략을 구사하고 있다. 또한 초광역권 협력으로는 EEU와 SCO 사이에 통합복합운송회랑을 구축하기 위한 논의가 구체화되고 있다. 가히 유라시아대륙에 '개발회랑'(Development Corridors) 전쟁이 일어나고 있다고 해도 과언이 아니다.

여기에서 우리가 주목해야 할 점은 유라시아대륙 내 러시아와 유럽간 지정학적 경쟁이 치열해지는 상황에서 중앙아시아에 미치는 중국의 영향력이 눈에 띄게 증대되고 있다는 사실이다. 중앙아시아는 중앙아시아-중국간 경제협력이 확대될수록, 한편으로는 중국 경제의 부상과 영향력 증대에 우려와 경계심을 가지겠지만, 다른 한편으로는 경제협력의 구심력에 끌려 중국과 운송협력을 확대·강화해야만 하는 상황에 처해 있다.

한국은 바로 이와 같은 지정학적, 지경학적 경쟁 상황과 중앙아시아가 처한 딜레마적 상황을 깊이 고려하여, 교통물류 분야에서 중앙아시아와의 전략적 협력을 강화해야 한다. 현재 ADB 등을 포함한 다자기구가 지원하는 CAREC(Central Asia Regional Economic Cooperation) 프로그램이 중앙아시아의 경쟁력 있는 운송로를 지정하고, 지속적·안정적·사용자 친화적인 운송통상 네트워크를 발전시켜 여객과 화물의 효율적인 이동을 촉진한다는 목표 아래 CAREC 교통·무역원활화전략(Transport and Trade Facilitation Strategy)을 추진하고 있다.

<표 3> 중앙아시아의 주요 국제운송회랑

국가/프로젝트	주도국 (연도)*	건설**	물류***
중국			
국제운송회랑 《중국-키르기스스탄-우즈베키스탄》	1996	-	-
도로회랑 《서유럽-중국 서부》	2003	2009	+
중앙아시아를 통과하는 이란과의 철도 연계	2003	2009	+
카쉬가르에서 바다흐샨(타지키스탄)을 통과하여 아프가니스탄과 연결된 철도·도로	2010	-	-
ADB-CAREC의 6개 회랑	1997	+	+
카쉬가르-그바다르 경제회랑	1990년 말	+	+
이란			
《남-북》 철도회랑	2000	2009~현재	+
《Узень-Кызылкая-Берекет-Этрек-Горган》 카스피해 교통회랑	2007	2009~현재	-
Колхозабад – Нижний Пяндж – Кундуз – Мазари-Шариф – Герат – Мешхед	2007	2011~현재	-
러시아			
시베리아횡단철도 개발	1990년대 중반	+	+
《러시아-카자흐스탄-키르기스스탄-타지키스탄》 (Чуй-Фергана) 철도	2013	-	-
아프가니스탄(타지키스탄)			
투르크메니스탄에서 아프가니스탄을 통과하여 타지키스탄과 연결된 철도	2013	-	-
미국(인도)			
신실크로드	2011	-	-
EU			
트라세카(유럽-흑해-카프카즈-카스피해-중앙아시아)	1993	일부, 비확정	+

* 프로젝트 착수 공식 선언 국가, ** 건설 시작, *** +: 실제 운영, -: 미운영
자료: Центр экономических исследований, Аналитический доклад No. 2014/12. Ташкент.

그렇다면 향후 한국은 중앙아시아와 어떠한 방향에서 교통물류 협력을 강화해나갈 것인가?2) 우선 앞서 언급한대로 CAREC 운송로와 연계되는 도로건설 사업이 계속 추진되고 있음을 고려한다면 대기업과 중소기업이 전략적 파트너십 관계 아래 CAREC 도로건설 등 관련 사업에 동반 진출하는 노력을 가속화해야 한다. 더구나 중국이 AIIB 출범과 함께 '일대일로'의 실행 계획을 구체화할 때, 한국의 기업들이 관련 프로젝트에 참여할 수 있는 여지를 '가능한 한' 극대화해야 할 것이다.

중앙아시아가 단기간 내에 물류환경을 획기적으로 개선하기 위해서는 물리적 측면의 교통물류 인프라를 개선하기 위한 과감한 자본투자가 필요하다. 그러나 또 다른 측면에서 보면 국제운송 경험을 갖춘 전문적인 물류전문가의 양성이 반드시 동반되어야 한다. 이러한 배경에서 한국과 중앙아시아는 관련 분야의 관료들을 대상으로 물류에 대한 이해를 제고시키고, 현대적인 물류체계에 관한 체계적이고 종합적인 지식을 갖춘 물류전문가를 양성하는 데 협력할 수 있을 것이다. 물류전문가 양성을 특별히 고려한 공적개발원조(ODA) 방식의 교육지원 프로그램, 혹은 한국국제협력

---

2) 이하는 성원용, 「우즈베키스탄 교통물류 기초 조사」, 한국교통연구원 용역보고서, 2014. 12의 내용을 수정 반영함.

단(KOICA)이 주도하는 개도국 연수생 초청사업 등을 활성화하는 것도 하나의 방안이 될 수 있을 것이다. 물류전문 인력을 양성하는 대학간 교육 프로그램의 협력과 한국 교육 프로그램의 중앙아시아 진출도 고려해야 할 과제 중 하나이다.

카자흐스탄, 우즈베키스탄 등이 중앙아시아, 나아가 유라시아의 물류중심국가가 되기 위해서는 국제적인 규모의 대규모 물류단지가 건설되어야 한다. 이런 차원에서 한국은 우즈베키스탄 정부가 의욕적으로 사업을 추진하고 있는 타슈켄트 지역 국제 물류센터 'Angren Logistic Center'와 Navoi 국제공항을 중심으로 한 물류 거점지역 건설 프로젝트에 보다 적극적으로 참여하고, 양자간 전략적 동반자관계를 강화함으로써 이를 통해 유라시아 내륙 물류시장 진출 기반을 구축해야 한다.

카자흐스탄, 우즈베키스탄을 비롯해 중앙아시아 정부들이 대규모 인프라 투자 계획 및 물류센터 강화 계획을 발표하고 있다. 이에 따라 교통물류 분야의 여건도 많이 개선될 것으로 전망된다. 한국은 지금까지 주로 현지의 한국계 업체들의 물류서비스를 대행해주는 초기 단계의 물류사업을 진행했지만, 앞으로는 제3자물류(3PL) 시장 진출 전략을 수립해야 하며, 우즈베키스탄 기업과의 협력도 점차 고부가가치 물류서비스 영역으로 확대해나가야 한다.

한-중앙아시아 간 교역투자 관계가 강화되면서 중앙아시아 교통물류체계에 대한 국내의 관심도 고조되고 있지만, 이에 대한 구체적이고 전문적인 정보를 제공하는 채널은 극히 제한되어 있다. 중앙아시아 물류시장에 성공적으로 진출하기 위해서 무엇보다도 관련 정보가 체계적으로 제공되어져야 한다는 차원에서 국책연구기관에 정보센터를 설립한다던가 관련 연구를 집중 지원함으로써 중앙아시아 물류정보의 획득과 체계적인 분석, 물류정보의 교류 및 확산, 교통물류 전문가들의 인적 네트워크 강화 등을 추진해나가야 할 것이다.

또한 국제운송회랑의 활성화는 단순히 일국의 교통인프라 확충에 의해서만 좌우되는 것이 아니다. 국경통과 절차의 단순화 등 각종 규범의 제도적 통일 및 확립이 동반되어야 한다는 점을 고려할 때, 한-중앙아 간 정례적인 양자·다자간 교통물류 협의 채널을 구축해야 할 것이다.

성원용 (인천대학교 동북아국제통상학부 교수)

Rovshan Ibrahimov

아제르바이잔 에너지 전략의 발전

아제르바이잔의 수도인 바쿠(Baku)는 세계 최초로 산업용유가 생산되는 지역으로 손꼽힌다. 첫 유정은 1848년 바쿠 인근 비비 헤이바트(Bibi Heybat) 마을에 형성되었다. 전 세계적으로 잘 알려져 있듯이, 그로부터 약 10년 후에 1859년 8월 27일, 에드윈 L. 드레이크(Edwin L. Drake)가 펜실베니아(Pennsylvania)의 타이터스빌(Titusville) 마을에서 산업용 유정을 발견하여 시추하기 시작했다.

그 후 석유 및 석유제품은 아제르바이잔의 일상생활과 모든 활동의 일부가 되었다. 바쿠 시민들 중 누군가는 유전의 소유주가 되었을 것이다. 몇 세대에 걸쳐 석유와 관련된 일과 활동을 하는 가족들이 존재했을 것이다. 천연가스가 지표면에서 연소한다는 점 때문에 아제르바이잔의 바쿠는 '불의 도시'라고 불리기도 한다. 오늘날 바쿠와 그 인근지역에서 이런 현상을 관찰하는 것은 놀라운 일이 아니다.

아제르바이잔은 소련 시기에 석유와 가스 생산지로 중요한 곳이었다. 소비에트 연방이 몰락한 이후에 아제르바이잔이 독립하면서 에너지 분야는 국가 내 경제 발전의 핵심이 되었으나 그 무렵 구소련 공화국들과 아제르바이잔은 심각한 경제 문제에 직면하고 있었다. 급감한 GDP와 높은 인플레이션과 실업률, 소득의 감소는 아제르바이잔이 독립 초기에 맞닥뜨린 경제적인 불완전 상황이었다.

어려운 상황의 문제들로부터 벗어나기 위한 해결책으로 아제르바이잔이 주목한 것은, 그 동안 필요 기술의 부족으로 인해 활용되지 않았던 가스 에너지 영역 개발이었다. 이를 계기로 아제르바이잔은 에너지 자원 추출 작업에 착수하기 위해 서양의 선진 기술과 자본을 유치할 필요성을 느꼈다. 이와 관련하여 아제르바이잔은 자국 유전에서 석유생산을 시작하고자 외국으로부터 에너지

회사를 유치했다. 이 글은 아제르바이잔의 독립 이후부터 오늘날까지 국가 에너지 전략과 발전에 관한 정보이다.

독립 이후의 에너지 정책

사실상 수 세기 동안 아제르바이잔 내륙의 석유 매장층은 거의 소진되었다. 하지만 미미한 양의 생산이 지속되고 있다. 바쿠에서도 약 100년 이상 석유가 생산되고 있다.

1950년대부터는 주로 해상유전에서 석유가 생산되기 시작했다. 대규모의 추출되지 않은 석유층이 아제리(Azeri)와 치라그(Chirag) 그리고 구네슐리(Guneshli)를 기점으로 하고 있으며 국가 차원에서 이곳의 개발에 착수하기 시작했다.

이미 1990년대 초반에 소비에트 아제르바이잔은 몇몇 서구의 기업들과 협상을 시작했다. 협상의 결과로 이들이 아제르바이잔에서 기업활동을 시작할 수 있도록 여러 법령들이 채택되긴 했으나 아제르바이잔은 외국 기업과 장기 계약을 체결함으로써 효율적인 성과를 거두지 못했다. 원인은 몇 가지 외부적 요인들을 비롯하여 정부체제가 변화함에 따라 수차례 협정 체결이 이뤄지지 않았기 때문이다.

헤이다르 알리예프(Heydar Aliyev) 정권의 출현으로 그동안 달성하지 못했던 성과가 실현되었다. 1994년 10월 20일 아제르바이잔은 ACG (Azeri-Chirag-Guneshli, 아제리-치라그-구네슐리) 유전 사업을 위한 '세기의 계약'에 서명했다. 계약 기간은 30년으로 같은 해 12월 12일에 발효되었다. 시간이 지남에 따라 컨소시엄의 구성원들과 지분은 계속해서 변화하였다.

현재 컨소시엄에 속한 기업들은 다음과 같은 비율의 지분을 소유하고 있다. 아제르바이잔 국영석유공사 소카르(SOCAR) - 11.6461%, 영국 석유회사 BP(British Petroleum) - 35.7828%, 노르웨이 국영석유회사 스탯오일(Statoil) - 8.5633%, 일본 국제석유개발주식회사 인펙스(INPEX) - 10.9644%, 터키석유공사 TPAO (Türkiye Petrolleri Anonim Ortaklığı) - 6.75%, 미국 석유화학회사 엑슨 모빌(Exxon Mobil) - 8.0006%, 일본 종합무역상사 이토추(ITOCHU) - 4.2986%, 미국 정유 회사 쉐브론 텍사코(Chevron Texaco) - 11.2729%, 미국 에너지 회사 아메라다 헤스(Amerada Hess) - 2.7213% 등이다.

2001년부터 2016년 3월 1일까지 유전에서의 생산을 살펴보면, 아제르바이잔 국영 석유 기금에 속해 있는 ACG유전은 원유 판매로 1,779억 9,900만 달러를 획득하였다. 오늘날 ACG유전은 아제르바이잔이 세계시장으로 석유를 수출하기 위한 주요 원유를 공급한다. 시장에서 형성된 원유의 높은 가격 덕분에 아제르바이잔의 GDP가 점진적으로 성장하는 결과를 가져왔다.

'세기의 계약' 이외에도 아제르바이잔 정부는 외국 에너지 기업과 약 30개 이상의 PSA(Production Sharing Agreement 생산물분배협정)를 체결하였다.

아제르바이잔 에너지 전략의 새로운 장: 천연가스 추출

'세기의 계약에 대한 컨소시엄 조직과 관련된 절차가 성공적으로 완성된 이후, 아제르바이잔은 카스피해(Caspian Sea)에 위치한 전도유망한 샤데니즈(Shah Deniz) 가스전을 개발하기 위하여 곧바로 두 번째 계약을 체결했다. 샤데니즈 가스전에 관한 생산물분배협정(PSA)는 1996년 6월 4일, 아제르바이잔 정부와 외국 에너지 기업 간에 체결되었다.

샤데니즈 가스전의 천연가스 매장량은 약 1.2조m^3에 달하며,

약 2억 4천만 톤의 가스 콘덴세이트(Gas Condensate)가 부존되어 있다. 확인된 천연가스의 용적은 앞으로 더 증가할 가능성이 있다.

이는 아제르바이잔에 있어서 큰 중요성을 가진다. 향후 아제르바이잔은 석유의 생산과 수출 이외에도 천연가스의 생산과 판매 부문에서 국제적으로 중요한 역할을 하는 국가가 될 것이라는 전망이다.

천연가스가 탄화수소류 중에서 대단히 친환경적인 자원으로 평가되고 있기 때문에 세계시장에서 천연가스의 중요성은 나날이 증가되고 있다. 이러한 필요성과 함께 2000년대 중반부터 화학에너지에서 천연에너지로 이행하는 과정에서 유럽 국가들이 급격한 과도기를 경험하게 되면서, 대부분의 유럽 국가들은 가스 공급의 다양화 방안을 모색하고 있다. 오늘날 유럽 국가를 대상으로 하는 주요 공급국은 러시아다.

이후의 샤데니즈 가스전의 가스 생산의 증가로 2단계 개발이 시행되었다. 가스 생산의 증가로 인하여 약 160억㎥에 달하는 천연가스의 추가 용량이 터키(약 60억㎥)와 동유럽(약 100억㎥)에 추가로 공급될 것이다. 이를 통해 아제르바이잔은 새로운 국외 소비 시장을 접하게 될 것이다.

이 프로젝트의 진행으로 컨소시엄 각 구성원들의 지분과 관련된 몇 가지 변화가 발생했다. 컨소시엄은 소카르(16.7%), BP(28.8%), 말레이시아 석유업체 페트로나스(Petronas)(15.5%), 이란 석유공사 OIEC(Oil Industries Engineering and Construction)(10%), 러시아-이탈리아 합작기업 LukAgip(10%), 터키 석유공사(19%)로 구성되어 있다.

아제르바이잔은 또한 카스피해의 새로운 천연가스 매장층을 발견했다. 약 2~3천억㎥의 매장량을 가진 가장 큰 규모의 천연가스 매장층인 우미드(Umid) 유전이 발견된 것이다. 바벡(Babek) 유전의 경우, 카스피해 유전 중 큰 규모의 매장층으로 이는 잠재된 또 다른 자원에 대한 낙관적 기대치를 발생시켰다. 바벡 유전의 천연가스 매장량은 우미드 유전에 비해 약 2배 가량 많을 것으로 예측되고 있다. 또 다른 주요 가스 유전으로, 약 3,500억㎥의 가스와 4,500만 톤의 가스 콘덴세이트를 보유하고 있을 것으로 예측되는 압셰론(Absheron) 유전과 그 밖에 아시만(Asiman), 자파르-마샬(Zafar-Mashal), 나히체반(Nakhchivan), 샤파그(Shafag) 유전이 있다.

아제르바이잔은 천연가스 추출에 관한 프로젝트를 발전시킴에 따라 세계 시장에서 에너지자원의 주요 공급국가로 전환될 것으로 전망된다. 또한, 아직까지 조사되지 않은 보다 유망한 유전들이

다수 존재할 것으로 기대된다. 지금까지 조사된 것 중 대략 231개의 지상 및 해상 유전이 발견, 시추, 탐사 준비과정에 있으며 지상 38.1% 해상(카스피해 연안)에서 61.9%의 비율을 차지하고 있다.

▎ 아제르바이잔이 제안한 석유와 가스 수송경로

탄화수소의 수송은 아제르바이잔의 중요 에너지 전략에 일부분을 차지한다. 아제르바이잔으로 해상 접근이 불가능하기 때문에 생산된 에너지는 내륙의 송유관을 통해서만 수송할 수 있었다. 이렇듯 아제르바이잔이 육지로 둘러싸인 상황이라는 점을 고려하면 아제르바이잔 주변 수송국과의 정치적인 친밀도에 따라 수송경로가 결정된다는 것은 당연한 사실이다.

이러한 상황에서 수송국은 자국의 이익을 위해 지리적으로 인접한 국가와의 관계를 이용할 수 있다. 예를 들어, 에너지 생산국과 수송국이 갈등관계에 있다면, 수송국이 국경을 차단하거나 국경 무역에 대하여 규제 및 제재를 가할 것이다. 따라서 수송로의 방향과 송달 경로를 결정하는 것은 아제르바이잔이 직면한 주요한 과제로 작용했다.

초창기였던 1990년대 말, ACG유전에서 'Early Oil'의 수출 목적에 따라 아제르바이잔은 수송 경로를 개척할 필요가 있었다. 매년 약 500만 톤의 석유를 수송할 송유관을 건설해야 할 필요성을 느꼈고, 협상 결과에 따라 아제르바이잔 정부와 컨소시엄은 두 방향으로 송유관을 건설하기로 합의하였다. 이에 매년 600만 톤까지 수용할 수 있는 바쿠-노보로시스크(Baku-Novorossiysk) 송유관과 총 길이가 약 830km에 달하며 매년 550~600만 톤의 용량을 수용하는 바쿠-숩사(Baku-Supsa) 송유관을 건설하기로 결정하였다.

바쿠-숩사 송유관의 건설로 인해 아제르바이잔은 수송경로의 다양화를 기대할 수 있었다. 아제르바이잔은 구소련 국가들 중 처음으로 러시아를 우회하며 세계 시장에 뻗어나갔다. 수송경로의 다양화를 기반으로 한 정책은 아제르바이잔이 독자적으로 외교 및 에너지정책을 지휘할 여지를 제공했다.

아제르바이잔은 최근 수송 경로의 다양화에 대한 국가정책을 입안하고 있다. 이 전략은 연간 약 5천만 톤의 용량을 수용하는 ACG유전에서 추출된 석유를 수출하기 위한 BTC(Baku-Tbilisi-Ceyhan, 바쿠-트빌리시-제이한) 송유관의 주 수송 경로의 선택하는데 큰 영향을 미쳤다. 약 1,730km의 길이로 뻗어있는 이 송유관은 2002년부터 2005년까지 건설되었다. 이 송유관 프로젝트의 절차는 지정학적 영향력을 고려하여 마련되었으며, 미국과 호의적인 관계에 있는 조지아와 터키 지역을 관통하여 터키의 지중해 항구인 제이한에 도달한다.

바쿠-숩사 송유관에서도 그러했듯이 BTC 송유관 프로젝트를 위한 정치적 지원 또한 미국에 의해 이루어졌다. 따라서 미국과 서구 국가와 적대관계를 가진 러시아와 이란을 우회하는 송유관은 여러 번 제재 조치가 가해졌다. 게다가 이 송유관이 경로가 더 짧으며 상업적으로 더욱 매력적이라는 사실에도 불구하고 나고르노-카라바흐(Nagorno-Karabakh) 지역을 둘러싼 아제르바이잔과의 분쟁으로 경로를 아르메니아로 바꾸어 놓았다.

송유관 뿐 아니라 세계 시장에 천연가스 수출을 위한 가스관 건설이 착수되었다. BTC 송유관은 같은 경로를 따르는 BTE(Baku-Tbilisi- Erzurum, 바쿠-트빌리시-에르주룸) 가스관(남코카서스 가스관)의 건설을 용이하게 하였다. 이 가스관은 2003년 2월 27일부터 2007년까지 건설되었다. 2007년 12월 13일 BTE 가스관이 처음으로 가동되었고 샤데니즈 유전 가스가 터키와 조지아 시장으로 공급되었다.

▌ 지역을 넘어서 : 아제르바이잔의 새로운 에너지 전략

아제르바이잔은 또한 중유럽 및 동유럽 국가와 흑해 지역을 대상으로 하는 천연가스 수출에 관심을 두고 있다. 이는 해상 유전에서 생산되는 천연가스 양이 증가하고 샤데니즈 가스전 사업의 2단계가 완료된 이후에 가능할 것으로 예측되었다. 이 때문에 아제르바이잔은 유럽 시장에 가스를 운반하기 위해 새로운 수송회랑의 개척에 관한 연구 활동을 실시했다. 이를 통해 아제르바이잔은 자기 주도적으로 다시 말해, TANAP(Trans-Anatolian Natural Gas Pipeline)라 불리는 가스관을 통해 새로운 시장에 자국의 가스를 수출하였다.

상당히 짧은 시간에 이루어졌던 이 프로젝트의 착수와 개시는 주목할 만하다. 2011년 12월 26일 터키와 아제르바이잔은 아제르바이잔의 샤데니즈 유전으로부터 유럽으로 이어지는 천연가스를 공급하기 위한 가스관 건설을 위해 컨소시엄 구성에 관한 양해각서를 체결하였다. 가스관 건설을 위한 이 컨소시엄에는 프로젝트에 대해 58%의 지분을 소유하고 있는 소카르를 비롯하여, 30%의 지분을 소유한 터키 국영가스회사 보타스(BOTAS)와 12%의 지분을 소유한 영국석유회사 BP가 포함되어 있다.

2015년 4월 착공되어 2018년 말~2019년 초 사이 완공 예정인 총 길이 1,841km의 TANAP 프로젝트는 동쪽으로는 조지아 국경을 출발점으로 하고 터키를 관통하여 서쪽의 그리스 국경까지 이어진다.

TANAP 프로젝트는 그 첫 단계로 160억㎥의 아제르바이잔 천연가스를 수송한다. 이 중 60억㎥의 천연가스는 터키시장으로 직접 판매되며 나머지 100억㎥의 천연가스는 남동부 유럽의 시장들, 특히 그리스나 알바니아, 이탈리아 그리고 불가리아 등지로 수송될 것이다. 2023년 TANAP의 천연가스 수송량은 230억㎥를 상회할 것으로 예상되고 있으며 2026년에는 그 규모가 310억㎥에 달할 것으로 보인다.

TANAP 프로젝트와 병행하여 착공된 TAP(Trans Adriatic Pipeline) 프로젝트는 터키-그리스 국경을 출발점으로 하여 TANAP와의 교차점을 통과하고 그리스와 알바니아, 아드리아 해저(Adriatic Sea)를 지나 남부 이탈리아로 이어진다. 샤데니즈 광구에서 채굴된 천연가스는 TAP을 통해 상기 시장으로 공급될 예정이다. 아제르바이잔 국영석유공사 소카르의 TAP 프로젝트 지분율은 20%다.

향후 아제르바이잔 천연가스의 수송량 증가 현상은 지역 내 다른 국가들에서도 동일하게 나타날 것으로 보인다. 이미 파이프라인 건설에 관심을 내비친 몬테네그로, 알바니아, 보스니아 헤르체고비나와 크로아티아의 발칸반도 4개국은 새로운 이오니아-아드리아해(Ionian-Adriatic Sea) 파이프라인 건설에 협조하는 양해각서에 서명했다. TAP의 여러 지선 중 하나가 될 이 파이프라인은, 아제르바이잔 천연가스의 확보와 더불어 러시아에 대한 에너지의 존도를 감소시킬 목적으로 계획되었다. 이후 이 파이프라인을 통해 루마니아나 헝가리, 오스트리아 등지로 아제르바이잔의 천연가스가 수출될 것으로 예상된다.

아제르바이잔 신 에너지전략에서 소카르의 활동

아제르바이잔의 에너지전략을 수행하는 소카르는 지역적 중요성을 띤 주요 국제적 에너지회사로, 에너지와 관련된 모든 부문의 활동들을 통합한 종합에너지회사로 변모했다. 2014년 소카르의 수익은 400억 마나트(512억 달러)에 달했으며, 11억 마나트(14억 1천만 달러)의 수익을 기록했다. 2015년 1월 1일부로 소카르의 자산규모는 240억 마나트(307억 달러)를 넘어섰다.

소카르는 아제르바이잔의 에너지자원이 한정되어 있다는 것을 이미 인지하고 있다. 때문에 한정된 에너지자원이 그 희소가치를 상실한 이후의 국제 에너지시장에서, 석유화학 제품의 생산과 판매를 보장할 수 있는 정책과정을 준수하고 있다. 그럼으로써 소카르는 잠재된 에너지자원의 효율적인 사용뿐만 아니라 수익의 증대를 꾀할 수 있을 것이다.

이와 같은 중대한 결정은 아제르바이잔 에너지전략의 새로운 장을 열 것으로 보인다. 첫 번째로 국제 에너지시장에서 경쟁력 있는 제품의 생산 증대 및 다각화가 가능한 현대적인 석유화학 플랜트를 건설할 수 있을 것이다. 두 번째로 석유를 감산중인 아제르바이잔은 석유 판매에 비교하여 추가적인 수익을 제공하는 석유화학 완제품의 판매에 집중하여 효율성을 증대시킬 것이다. 세 번째로 현대적인 인프라의 건설로 환경을 보호하고 오염을 방지할 것이다.

이미 석유화학 플랜트가 위치한 수도 바쿠로부터 60km 떨어진 곳에서 진행될 총 가치 165억 달러 규모의 석유화학 복합단지 건설 프로젝트에는 연간 1천만 톤 규모의 원유 정제시설 및 연간 100억m^3 규모의 가스 처리 플랜트를 포함하여 170만 톤의 석유화학 완제품 생산능력을 가진 기업들이 자리하게 될 것으로 기대를 모으고 있다. 또한 이 프로젝트로 말미암아 아제르바이잔 공산품의 수출 증대 및 다각화와 더불어 국제 에너지시장에서 수요가 높은 폴리에틸렌(polyethylene)이나 폴리프로필렌(polypropylene), 부타디엔(butadiene)과 같은 석유화학 제품들의 대부분이 이곳에서 생산되어 수출될 것으로 보인다.

소카르의 중점적 활동이 주로 아제르바이잔 외부에서 이루어지고 있는 가운데 매년 소카르는 국제 에너지시장으로 점차 진입하고 있으며 이는 아제르바이잔 에너지전략의 매우 실용적인 해법이라 할 수 있다. 아제르바이잔의 최초 투자가 인접국인 조지아나 터키에서 이루어졌다는 점은 이를 단적으로 말해주고 있다. 오늘날 소카르의 관심지역은 EU 가입여부에 관계없이 흑해지역과 남동부 유럽지역을 아우르고 있는데, 전 세계에서 소카르를 제외하고 흑해지역 내 모든 국가들에서 활동하는 에너지회사를 찾아보기는 어렵다.

2006년 소카르는 조지아에서 대량의 석유 소매판매, 석유 및 액화가스의 수입, 석유 저장터미널과 저장탱크 건설사업을 진행할 소카르 조지아지부(SOCAR Energy Georgia)를 설립했다. 소카르 조지아지부는 조지아 석유시장에서 72%, 경유(디젤) 시장에서 61%의 점유율을 가지고 있다. 현재 조지아에 114곳의 주유소와 1

곳의 가스충전소를 운영하고 있으며, 5곳의 주유소를 추가로 증설할 계획이다.

소카르는 조지아가 2007년부터 운영하기 시작한 흑해 연안의 쿨레비(Kulevi) 석유 저장터미널을 인수했다. 이 석유 저장터미널은 주로 아제르바이잔과 카자흐스탄 석유 및 석유제품들의 환적과 더불어 유조선으로의 석유 선적을 목적으로 이용되고 있다. 동시에 조지아에서 천연가스의 주된 공급체인 소카르는, 조지아 천연가스 시장의 90%를 점유하고 있어 사실상 조지아의 천연가스 공급시스템을 완벽히 통제하고 있다.

아제르바이잔 외부에서 소카르의 주요 활동은 터키에서 이루어지고 있다. 2007년 소카르는, 시장점유율 25%로 터키 내 석유화학 업계 1위인 페트킴(Petkim)을 인수했다. 페트킴에 대한 소카르의 투자로, 터키 내 소카르의 석유화학 시장점유율은 25%에서 40%로 증가할 것으로 관측되고 있다.

추가적으로 소카르는, 에게 해에서 규모가 세 번째로 크고 이즈미르 근처에 위치한 페트림 지역에 터키 내 최대 컨테이너항 건설을 완료했으며, 그 주변 알리아가(Aliaga) 지역에는 총건설비 50억 달러로 연간 1천만 톤의 석유 생산이 가능한 원유 정제시설이 2017년 완공을 목표로 착공에 들어갔다.

또한 소카르 터키지부(SOCAR Turkey)는 아제르바이잔 독립 이후 최초로 터키 내 광구 탐사권과 함께, 동부 터키에 매장된 원유의 5년간 탐사활동에 대한 4개의 라이센스를 취득한 바 있다. 이제 소카르는, 아제르바이잔 이외 지역의 에너지자원 탐사와 더불어 생산과정에 참여할 수 있을 것으로 보이며, 이는 소카르 활동의 새로운 단계라 할 수 있다.

아제르바이잔은 적극적으로 우크라이나와의 관계를 발전시키고 있다. 현재 소카르는 우크라이나에 52곳의 주유소를 개설했으며, 이를 60곳으로 확장할 계획을 수립하고 있다. 또한 2011년 9월 소카르는 루마니아에서도 활동을 개시했는데, 우크라이나의 경우처럼 주유소를 열었으며, 현재까지 그 수는 33곳에 달한다. 2년 내에 최소 10곳의 주유소가 추가로 증설될 예정이다.

소카르는 활동영역을 흑해지역에 국한하지 않고, 적극적으로 유럽과 아프리카, 중동, 아시아 국가들과의 관계들을 형성하고 있다. 대표적으로, 소카르 무역(SOCAR Trading)의 자회사는 원유 거래를 통한 아시아지역 에너지시장으로의 진입을 목적으로 싱가포르에 사무소를 개설하여 그 존재감을 부각시키고 있으며, 이와 같은 현상은 장기계약의 비용 면에서도 동일하게 나타나고 있다.

다른 투자형태로 소카르는 아시아지역 에너지시장에 대한 원활한 석유 공급과 걸프 지역에서 전략적 석유제품의 무역 확대를 위해, 스위스 무역회사인 오로라 프로그레스(Aurora Progress)와 아랍에미리트연합(UAE) 7개 토후국 중 하나인 푸자이라(Fujairah) 정부와 함께, 푸자이라에 위치한 815,000㎥ 규모의 석유 저장터미널을 공동으로 소유하고 있다.

또한 소카르는, 과거 엑슨 모빌에 소속되어 있던 스위스의 '에쏘 스위스(Esso Switzerland)'사의 핵심 자산을 인수했다. 이 결과 소카르는 170곳의 주유소 네트워크와, 석유제품 관리를 위한 마케팅을 진행하고 파이프라인과 석유 저장터미널을 운영하는 기업, 항공기 재급유와 액화석유가스를 사용하는 재급유 교통수단에 관련된 기업의 경영권을 획득할 수 있었다. 소카르는 유럽지역으로의 아제르바이잔 천연가스 공급을 보장하는 중요한 역할을 수행할 그리스 국영가스유통공사(DESFA)의 지분 또한 확보했는데, 발칸반도의 일원으로서 그리스는 알바니아와 불가리아에 천연가스 공급 인프라의 건설을 원하고 있다.

소카르는 터키와 아랍에미리트연합, 영국, 나이지리아, 이집트, 모나코에도 연락사무소를 개설했는데, 아제르바이잔 석유뿐만 아니라 무역활동의 40% 이상을 차지하는 제3국가들에서 생산한 에너지자원 또한 판매하고 있다.

전반적으로 볼 때, 소카르는 지리적 환경과 수익구조에서 경제적 활동의 다각화를 지속할 것으로 예상되며 이는 에너지부문에 국한되지 않을 것으로 보인다.

▛ 역동적인 에너지 산업의 발전

에너지부문은 아제르바이잔의 삶에 있어 중요한 열쇠로, 아제르바이잔의 경제적 상황개선과 국가발전 뿐만 아니라 대내외정책에 영향을 끼치고 있다. 100년 이상 석유가 아제르바이잔의 국가적 중요성을 부각시키는 주력 브랜드가 될 것이라고 단정 짓는 것은 섣부른 판단이다. 그러나 아제르바이잔의 독립 이후 에너지 산업은 재탄생했고 이를 통해 아제르바이잔은 국가발전의 새로운 단계로 진입하였다. 아제르바이잔 에너지 산업부문의 발전은 점진적이고, 역동적이며 다변적이다.

독립 이후 초창기 아제르바이잔은, 우선순위가 변화함에 따라 석유 및 수송 인프라 구축을 위한 유럽자본의 유치활동에 주력했다. 또한 석유와 마찬가지로, 아제르바이잔은 국제 에너지시장으로 대량의 천연가스를 수출할 계획에 있으며, 이를 통해 서부 발칸반도부터 남부 코카서스 지역까지의 지역 구도를 재편하고 있다. 이 거대한 규모의 프로젝트를 통해 건설되기 시작한 파이프라인은 에너지 소비국들과 아제르바이잔의 가스전들을 연결시킬 것이다.

아제르바이잔 에너지전략의 다음 단계는, 석유와 석유화학 완제품들의 에너지 수급률을 증가시킬 현대적인 석유화학산업을 육성하는 것이다.

결과적으로, 아제르바이잔 에너지전략의 발전을 위한 역동적이고 시기적절한 변화는 아제르바이잔의 지정학, 지경학적 이익을 좀 더 확대시킬 수 있을 것이다. 한 가지 확실한 점은, 에너지부문이 아제르바이잔의 지배적인 역할을 지속적으로 수행할 것이라는 점이다. 그러므로 아제르바이잔은 에너지부문의 전략적 수정을 위한 실용적이고 현실적인 도전들을 적절한 방식으로 대면해야 할 것이다.

Rovshan Ibrahimov
(Azerbaijan Diplomatic Academy University 교수)

번역 및 정리: 장정민, 민경룡

신성재

우즈베키스탄 건설시장 진출 경험
- 탈리마잔 복합화력 발전소 공사를 중심으로

▌ 한국 근대화 · 세계화에 기여한 해외건설

해외건설은 한국경제의 근대화와 세계화에 기여했다. 70~80년대 경제개발을 위한 재원을 조달했고, 국제수지를 개선하여 두 차례의 석유파동을 극복할 수 있게 해 주었으며, 1990년대 국민소득 증대, 고용 유발 등 경제 성장의 견인차 역할을 해냈다. 진출국가에서 성실성과 진취적인 자세로 대외 신인도를 제고했고 미수교 국가에 진출하여 민간사절 역할도 감당했다.

국내 건설시장이 성장의 한계 상황에 이르렀을 때에도 해외건설은 돌파구가 되어 주었다. 1997년 외환위기 후 구조조정과 체질개선을 통하여 경쟁력을 제고하여 플랜트 턴키 공사 등 고부가가치 분야를 중심으로 활성화되어온 것이 현재 우리의 건설 분야다.

기업 활동의 목적은 이윤을 획득하기 위한 것이지 인간들의 필요와 욕망을 충족시키기 위한 것이 아니다. 이러한 특징을 갖는 자본주의 사회에서 사업은 싸움이다. 가격경쟁에서 이기는 기업이 승리하며, 싸움에서 버티는데 더 많은 자본을 가진 기업이 유리하다. 그리고 더 큰 이윤을 위하여 국내 독점기업들도 해외로 진출한다.

필자는 1991년 H건설에 입사하여 5개의 해외 현장 및 4개의 해외 지사에서 일한 바 있다. 2013년에는 우즈베키스탄 탈리마잔 복합화력 발전소 공사를 수주하면서 CIS 관할 지사를 카자흐스탄 알마티에서 우즈베키스탄 타슈켄트로 옮겼다. H건설의 해외수주 100억 달러 중 거의 절반을 CIS 관할지사에서 수주하던 시기였다.

이 글은 2010년을 전후한 H건설의 해외 시장 진출 전략의 변화를 배경으로 우즈베키스탄의 탈리마잔 복합화력 발전소 공사를 계기로 우즈베키스탄에 진출한 경험을 간략하게 기술한 것이다. 투르크 경제권 진출의 경험담을 나누어 그 가능성을 진단하는 한편 관심 있는 이들에게 자그마한 조언이 되기를 바라는 마음이다.

2010년 이후 H건설의 우즈베키스탄 진출 배경

2010년 해외건설 분야에서 한국은 사상 최대인 716억 달러를 수주하였다. 이때 H건설은 단일 업체로는 최초로 110억 달러를 수주하였다. H건설의 2010년 해외사업 비중 증대는 장기 침체의 늪에 빠진 국내건설 시장을 대체하기 위한 불가피한 선택이었지만 이듬해 기업 인수합병을 염두에 둔 공격적인 외형확대로 UAE와 쿠웨이트에서 2개의 플랜트 공사를 저가로 수주한 것도 사실이다. 그러나 H건설은 전통적으로 토목, 건축, 발전소 및 플랜트 전 부문에 균형 있는 포트폴리오를 유지해 온 기업이다.

2011년 4월 H 그룹이 H건설의 새로운 주인이 되면서 편입 전의 해외 저가 수주를 보수적인 회계처리로 손실 처리 완료하고, 아프리카, 남미, CIS 지역 등 신흥시장에 새로 설립한 지사를 기반으로 역량을 집중하면서 북아프리카 및 중동지역에서 저가 수주를 계속하고 있는 다른 주요 한국건설 기업에 비하여 수익성 중심의 공사를 계속 수주하였다. 필자도 2012년 1월에 CIS 관할국가인 카자흐스탄의 알마티 지사에 부임한 이래 CIS 5개국 및 조지아, 아제르바이잔, 터키 시장에서 신규 공사를 수주하기 위한 영업을 계속해왔고, UN 제재 아래 있던 이란의 사무실을 유지하기 위해 노력하였다.

2012년 7월 31일 입찰한 우즈베키스탄의 탈리마잔 발전소 턴키 공사의 수주를 위하여 우즈베키스탄에 매달 출장하여 발주처, 현지진출기업, 법률자문회사, 세무자문회사, 종합상사, 기자재업체, 현지 물류 및 통관회사를 접촉하였다.

사전조사

세계 2위의 발전 설치 실적을 보유하고 있는 H건설은 이길 수 있는 싸움을 위하여 입찰조건 및 입찰평가 기준에 맞춰 입찰에 참여하였다. 이때 현지의 유력한 기자재업체 및 현지에 먼저 진출한 D 인터내셔널의 지원은 적정가격을 산출하는데 큰 도움이 되었다. 1990년대 초 D그룹은 동구권 체제전환국에서 세계 경영을 시작하였으며 인구가 경제단위가 되는 우즈베키스탄에 자동차 공장을 세웠다. 그룹의 수장은 수출영업을 위해 일본과 화교들이 진출해있지 않는 국가를 선점하여 이길 수 있는 싸움을 해야 된다고 강조했다.

필자는 우즈베키스탄에 올 때마다 타임머신을 타고 과거로 돌아온 듯 한 느릿한 일상을 즐겼다. 1980년대 초 대학 시절에 배운 러시아어로 길거리의 사람들과 이야기를 나눴고 1991년 독립 이후 되찾은 우즈베키스탄어로 말하는 사람들도 이해하고자 노력했다. 그리고 무엇보다 중요한 일은 자본가의 이윤만을 획책하는 시장자본주의와는 다른 현지의 사업관행을 살펴보는 것이었다. 이 시기는 우즈베키스탄에서 신규 사업의 성과를 이루어낼 자신감을 갖고 매순간 열정적으로 일하던 때였다.

2013년 1월에는 H건설이 우선협상대상자로 통보될 것으로 기다리며 이미 공사를 수행했거나 수행중인 업체와 법률, 세무회계 자문회사를 계속 접촉하는 과정에서, 현행 국내법을 적용할 경우에 외국기업이 공사를 공기 내 마무리하기 어려움을 깨달았다. 이를 극복하기 위해서 아래와 같은 주요 사안에 대한 리스크가 있음을 인식하고, 발주처와 계약 협상시 이를 관철해야함을 확인하였다.

● 공사 수행

국내법에 의하면 설계(라이선스 및 인허가), 구매(자재, 임시장비, 장비) 및 시공(라이선스 및 인허가)을 위해서 현지법인을 설립해야한다. 그러나 현지법인의 설립요건, 운영, 회계 및 세무, 청산 등에 어려움이 산재하였다.

대안으로 PE(Permanent Establishment, 고정사업장)를 설립하여 공사를 수행하는 것이 바람직하며, 투자공사 및 대형공사의 원활한 공사 수행을 위하여 발급되는 대통령령에 관련 문구를 삽입하여 발급받고 발주처와 계약 협상을 진행하여 계약서를 작성할 필요가 있었다.

● 대통령령

이미 수행했거나 수행중인 공사를 위해 발급된 대통령령을 분석한 결과는 다음과 같다.

구분	아이템	국내법	대통령령 내용		
			수르길 가스전 (EPC) 시공사: HEC ,GS, 삼성엔 재원: 한국투자사업	도로 (시공) 시공사: 포스코건설 재원: ADB	나보이1 발전소 (EPC) 시공사: 찰륵 에너지 재원: 우즈벡 전력청
E (설계)	라이선스	현지법인	본사에서 신청하여 발급	해당없음	현지설계하청으로 진행
	인허가	현지법인	국제규격으로 진행	해당없음	현지설계하청으로 진행
P (구매)	자재	현지법인 또는 개인	PE로 진행	현지법인 설립진행	발주처에서 진행
	임시장비	PE 불가	PE로 진행	PE로 진행	PE로 진행
	장비	현지법인 또는 개인	PE로 진행	해당없음	발주처에서 진행
C (시공)	라이선스	현지법인	본사에서 신청하여 발급	해당없음	본사에서 신청하여 발급 (대통령령 문구가 모호하여 내각령으로 해결)
	인허가	현지법인 또는 PE	본사에서 신청하여 발급	PE 및 하청사로 진행	본사에서 신청하여 발급

- 한국정부가 투자하여 한국업체가 수행중인 우즈베키스탄 최초의 대형 플랜트 공사인 수르길 가스전 공사는 예외적인 대통령령이 발급되어 PE 설립 후 공

사를 수행했다.
- ADB 재원의 도로공사는 ADB 도로공사용 대통령령을 활용하였기에 자재 구매 등을 위하여 PE 설립과 별도의 현지법인을 설립해야 했다.
- 발주처인 우즈베키스탄 전력청이 재원을 조달한 나보이 1 발전소 공사는 별도의 대통령령을 발급받아 PE 설립 후 발주처 및 현지 설계 하청사를 활용하여 공사를 수행하였다.

H건설의 탈리마잔 발전소 공사는 우즈베키스탄 전력청이 공사를 발주하였으며, ADB, JICA 및 우즈베키스탄 재건펀드가 재원을 조달하였다. 따라서 ADB 재원의 도로공사, 우즈베키스탄 전력청이 발주한 나보이 1 공사의 사례를 참고하되, 수르길 가스전 공사에 적용된 내용까지 반영되어 대통령령이 발급되도록 발주처와 협의하는 것이 성공적인 공사 수행의 관건이었다.

- 연락사무소

공사지원을 위한 발주처 인사를 접촉하고, 신규 영업활동 및 본사 출장자의 비자 발급 등을 위하여 타슈켄트에 연락사무소를 설립할 필요가 있었다.

- **세법 및 기타 국내법**

H건설이 PE를 설립하여 공사를 수행하는 경우, PE가 일정기간 공사 수행을 위한 세금 정산의 목적으로 관할 세무서에 등록되어 국내법인은 아니지만, 국내법인처럼 활동하기에 문제가 발생한다.

관세청(수입통관 관련 관세법), 국가건설 건축위원회(위험물 설계 및 시공에 관한 인허가법령), 중앙은행 및 금융기관(PE의 외화 및 현지화 거래관련 환거래법령) 등과 관련된 국내법과 PE 관련법이 상충되기에 대통령령 및 내각령 등을 발급받아 공사를 진행해야 한다.

이와 더불어 입찰금액에 반영된 세금 내역 및 PE의 세금 내역을 항목별로 비교하여 입찰에 누락된 내역과 대통령령 등에 의하여 인정될 면세 내용을 발주처와 협의하여 계약서에 반영해야 한다.

- **공사수행 준비사항**

발주처의 낙찰통지 및 계약협상 초청 서한을 입수한 후 3~4일 이내에 본사의 PM팀 (Project Management팀; 시공, 관리, 법무, 세무, 회계 포함)을 구성하여 계약협상팀으로 현지 출장하여 계약서를 작성하고, 대통령령을 발급받아 내용을 숙지하여 현지 관공서와 일관성 있고 실제적인 업무를 수행해야한다. 담당자가 바뀌는 경우를 대비하여 구체적이고 전반적인 내용을 정리할 필요가 있다.

우즈베키스탄처럼 시스템이 확립되지 않은 국가에서 공사를 수행하기 위해서는 현지의 법률 및 세무, 회계 자문회사를 조기 선정하여 계약 협상단계에서부터 참여시키고, 공사 완공까지 활용해야한다.

타슈켄트 연락사무소 설치를 위하여 H건설의 CIS 관할 지사를 카자흐스탄의 알마티에서 타슈켄트로 이전하는 것이 바람직하다.

계약협상 및 서명

2013년 2월 13일부터 3월 5일까지 계약협상을 진행하여 계약서류에 이니셜 서명을 완료하였다. 빠른 시일 안에 방대하고 복잡한 계약서류를 작성할 수 있었던 것은 H건설이 유사공사 수행을 통하여 보유한 계약서류를 근간으로 작성한 초안을 사전에 준비하는 한편, 현지의 법률, 세무회계 자문회사와 함께 우즈베키스탄 최초의 발전소 공사를 공기 내 수행할 방안을 찾고자 노력을 기울인 면도 있었지만 무엇보다도 발주처 및 우즈베키스탄 정부의 신뢰가 컸기 때문이다.

이니셜 서명한 계약서류는 ADB 본사에 송부하여 승인받을 예정이었으나, ADB 담당자의 타슈켄트 출장에 맞춰 협의를 진행하자고 제안하여, 3월 8일 및 9일 양일간 협의 후 바로 ADB의 승인을 받았다.

3월 11일에는 3월 7일자로 발급된 대통령령 사본을 입수하였다. 내용은 발주처가 우즈베키스탄 전력청에서 탈리마잔 발전 자회사로 바뀐 것과 일부 면세 규정이 빠진 것을 제외하고는 H건설이 제안한 것과 크게 다르지 않았다.

대통령령은 세금, 통관, 라이선스 등 EPC 공사 수행과 관련하여 국내법에 규정된 법률사항을 초월하는 효력을 지닌 것이지만, 해당 관청에서는 국내법을 적용하여 각종 세금 및 수수료를 부과할 것이므로 담당자가 해당 관청을 접촉할 때 대통령령 및 추후 발급될 내각령에서 요구되는 실질적인 서류를 철저히 준비하여, 현지의 실무 경험이 있는 인원으로 하여금 일을 진행시킬 필요가 있다.

또한 대통령령에서 규정되지 않은 사안은 계약 서류에 근거하여 처리되므로 우즈베키스탄 전력청 및 발주처와 원만한 관계를 유지할 필요가 있으며, 이를 위해 능력 있는 통역인원을 발굴할 필요가 있다.

이후 주요 일정은 발주처의 계약서류 등록 (3월 13일), 선수금 보증서 제출 (3월 15일), 계약 서명식 (3월 19일), 이행보증서 발급 (3월 28일), 선수금 지급 (3월 29일) 등으로 진행되었다.

특기할 사항은 발주처의 착공지시서 발급 및 공기 기산 조건이 계약체결, 선수금 보증 및 이행보증 제출, 발주처 계약서류 등록 완료, 선수금 지급 및 시공자의 현장 인수인계 완료였는데 이에 덧붙여 "6월 말 중 늦은 일자"를 추가하여 H건설이 현장의 인수인계를 위한 초기동원 시간을 추가로 확보한 사실이다.

공사 수행

진행 중인 공사를 성공적으로 완공해야 후속 공사를 수주할 기회가 커진다. 이를 위해 협력사인 H엔지니어링에 설계를 의뢰하고 현지 설계회사와 설계 인허가 업무를 진행하고, 주요 기자재업체의 제품 제작 및 운송에 차질이 없도록 하고, 가장 중요한 시공을 위해서는 최고의 경험을 갖춘 시공조직을 구성하였다.

초창기에 설계 개념차이로 인한 문제, 현지 토목, 건축업체의 능력 부족, 기계 및 배관 공사 문제와 함께 통관 및 운송에서 많은 문제들도 발생하였다. 하지만 이를 모두 해결해나가면서 2016년 3/4분기에 1호기 완공을 위한 마무리 작업이 한창 진행되고 있다.

성공의 요인

H건설은 이렇게 우즈베키스탄 탈리마잔 발전소 공사를 수주하여 처음으로 CIS 국가에 진출하게 되었다. 탈리마잔 발전소 공사는 우즈베키스탄 전력난을 해소하는 것은 물론, 전력분야 인프라 확충을 통한 국가 경제 성장에도 크게 공헌할 것으로 기대되고 있다. 열정적인 노력을 회고하면서 필자는 H건설의 탈리마잔 발전소 공사의 성공 요인들을 되짚어보았다.

- 우즈베키스탄과 한국의 우호적인 관계 상황

우즈베키스탄이 한국 및 한국기업에 긍정적인 이미지는 부지런

하고 근면한 고려인의 존재 및 1990년 초에 우즈베키스탄에 진출한 D그룹의 영향이 크다. 한국은 우즈베키스탄을 전략적 동반국이라는 외교관계의 긴밀한 상대국으로서 신뢰를 강화하는 한편으로 한국정부의 투자로 우즈베키스탄 최초의 수르길 가스전 공사를 성공적으로 완공했다. 이 같은 과정에서 쌓인 우호적인 관계들은 갑작스러운 다양하고 소소한 문제들에서 긍정적 해결을 향해 나아가는데 도움이 되어 주었다.

- **리스크가 적은 ADB 재원의 발전소 공사 수주를 목표**

우즈베키스탄은 정치적 변동 리스크가 적지만, 외환 통제 등 투자가 활성화되기 어려운 시장임을 부정하기는 어렵다. H건설은 이를 감안하여 공개경쟁 입찰공사 중 대금 지불 리스크가 없는 ADB 사업 수주를 목표로 하였다. ADB 책임 아래 외화로 대금이 집행되는 ADB 공사는 글로벌 스탠더드에 따라 절차를 진행하기에 발주처가 계약 사항을 무리하게 변경하는 등의 불합리한 현지 관행 리스크를 방지할 수 있는 장점이 있다.

- **우즈베키스탄에 진출한 기업의 성공 및 실패 사례 공부**

우즈베키스탄의 국내법이 적용될 경우 공사의 성공적인 수행이 어려움을 감안하여 우즈베키스탄에 진출한 기업의 공사 수행내용을 검토하여 계약 협상 중에 이를 반영하였다. 신흥국 진출시 리스크를 최소화해야 하는 상황에서 법률 및 세무회계 자문회사의 조언 및 진출기업의 성공 및 실패 사례를 해석하여 이를 개별적으로 적용해 나간다면 좋은 결과를 기대할 수 있을 것이다.

● 신규 물류전문회사 발굴

필자는 우즈베키스탄에 부임한 이후 탈리마잔 발전소 공사의 성공적인 수행을 위해서 기존에 등록된 업체 외에 우즈베키스탄에서 가장 경쟁력이 있는 물류전문회사를 발굴하였다. H건설이 공사를 수주한 후 공사 수행에 신규 물류회사를 참여시켜 공기 단축 및 수익성을 향상시켰으며, 후속 공사에도 참여기회를 제공하였다.

● 그룹관계사와 협업

2011년 H 그룹 편입 이후에 그룹관계사인 H엔지니어링과 협업을 강화하여, 자원을 효율적으로 배분하고 원가절감을 추진했다. H건설이 수주하여 발주처의 재원조달을 기다리고 있는 GTL 공사 및 H엔지니어링이 주계약자로 참여중인 칸딤 가스전 공사에도 내부적으로 협력하여 우즈베키스탄 플랜트 공사를 선점해나가고 있다.

● H건설의 해외영업조직

H건설은 해외에 진출하면서 토목, 건축, 발전 및 플랜트 사업본부와 독립적인 해외영업본부를 설립하였다. 지역 기반으로 영업을 수행중이며, 사업 본부내의 영업팀을 지원하고, 각 사업본부의 미래 성장동력에 대한 청사진을 제시하는 등 균형 있는 회사 포트폴리오 유지가 가능하다. 해외 지사장은 해외 지사 및 현장을 경험한 15년~25년 경력의 영업 전문가로 임지에서 지속적이고 장기적인 수주 및 수익성 있는 영업을 가능케 하는 전위이다.

폐허 위에 건설하는 우주

나는 지금 피사의 탑처럼 쓰러져가고 있는 것이 아닐까
삶의 모든 것이 시들고 흔해지는 마흔, 쉬흔을 향해
죽음을 향해 쓰러지고 있다는 몸서리치는 자각도 없이
오래 된 사적처럼 그렇게 소리 없이
문득 맞이하는 서른 살의 아침
먼지와 이끼가 덮어가는 시간들 속에서

슬퍼보이던 가는 모가지에 조금 더 살을 붙이고
서투르던 넥타이를 익숙하게 조이며
고삐도 없이 끌려가는 서른 살은
젊은 날의 안락한 마침표일까 (후략)

- 정종목, **<서른 살>**

　　서투르던 넥타이를 익숙하게 조이면서, 서구 자본주의의 꽃인 기업에서 공동목표를 위하여 각자의 위치에서 열심히 일했다. 어쩔 수없는 커뮤니케이션의 부재로 공허해하기도 했지만 늘 즐거운 마음으로 다양한 사람과 부대꼈다. 폐허 위에서 우주를 건설하는 것이 좋았다. 해외 현장에서 새벽부터 밤까지, 해외 지사에서 새로운 공사를 수주하기 위해서 새벽까지 일하면서도 즐거웠다.

　　H건설에서의 마지막 일터가 우즈베키스탄이 되었다. 중앙아시아의 실크로드는 역사적으로 로마, 이슬람, 몽골, 터키 그리고 러시아 등 글로벌 강국이 지나갔다. 근대와 국가라는 개념이 시작되기 이전에 살았던 이 지역 사람들은 누가 지배하는지, 자기들의 영토는 어디인지도 모른 채 자기 마을에서 태어나 살고 죽었다. 정치적인 억압과 부의 불공정한 분배로 인한 부패가 지배적이나 실크로드는 역사적으로, 사회적으로, 그리고 언어적으로 다양한 교류의 장이었던 만큼 멀지 않은 장래에 이들만의 독특하고 의미

있는 삶의 양식을 전 인류에 제시할 것으로 기대된다.

서구가 만들어냈고 전 세계가 따라가고 있는 글로벌 자본주의는 어쩔 수 없이 세계화를 진행중이다. '세계는 넓고 할 일은 많다고 외치며 중앙아시아에서 과감한 행보를 보여주었던 기업인은 서양인들이 자본주의의 부의 축적과정에서 잘못을 많이 범했지만 그들의 외향적이고 진취적인 기상만은 본받을 필요가 있다고 강변한다.

서양식의 근대만이 길은 아니다. 살아가면서 우리는 항상 누구를 위해 일을 하는가를 염두에 두어야한다. 해외에서 일을 하면서, 즐거운 마음으로 자기가 잘할 수 있는 방법으로 해나가면 된다. 나와 다른 점을 인정하고, 따뜻한 시선으로 바라보자. 현지인들을 진정으로 이해하고 교류할 때 이들의 아픔을 품어 안을 수 있을 것이며, 이때 물질적인 관계를 넘어서 서로 도움이 되는 일을 함께 할 수 있는 진정한 호혜적인 관계가 시작될 것이다.

H건설은 이제 우즈베키스탄에서 일을 시작했다. 일을 하는 담당자가 하는 일이 즐거워야 상대방의 마음을 사로잡을 수 있고 장기적으로 도움이 되는 관계를 지속할 수 있을 것이다. 미래는 예측하는 것이 아니라 상상하는 것이고 만들어가는 것이다. 서로 다른 우리가 어디에서 무엇을 하더라도 자기식대로 긍정적으로 웃

으면서 만들어갈 수 있다.

신성재 (전 H건설 중앙아시아 지사장,
우즈베키스탄 웨스트민스터대학교 경제 및 경영학과 강사)

박지원

카자흐스탄의 산업 정책: 개방적 체제하의 국가 주도형 산업육성

▰ 개방과 국가주도 전략을 동시에 추진하는 산업정책

카자흐스탄의 산업정책은 개방과 국가주도 전략을 동시에 추진한다는 점에서 매우 흥미로운 사례가 아닐 수 없다. 과거 카자흐스탄의 산업화 정책 및 프로그램과 현재의 그것과는 큰 차이가 없다. 물론 동일한 정부의 장기적 계획 아래 산업정책이 진행되고 있지만 전략산업에 대한 효과적인 외국인 직접투자 전략과 함께 국내 제조업과 벤처산업을 육성하기 위하여 정부가 다양한 형태의 자원배분 메커니즘을 도입하고 있음이 발견된다.

제 4~5기[1] 나자르바예프 정부의 산업정책은 여전히 국가주도 전략을 추구하는 카자흐스탄에 진출하는데 적극적 고려 요소가 아닐 수 없다. 또한 이러한 접근방법은 개방과 정부개입을 매우 적극적으로 동시에 추구한다는 점에서 그 성공 여부는 자원의존형 경제의 발전모형에 커다란 시사점을 제공할 것으로 보인다.

현재 카자흐스탄의 정책은 과거부터 정책의 큰 틀을 구성하는 <카자흐스탄 2050> 정책과 <국가 산업·혁신발전 프로그램> 의 2 단계 산업화 과정에 준거하여 시행되고 있다. 2 단계인 <국가 산업·혁신발전 프로그램 2015-2019> 는 1단계의 산업화 프로그램을 기반으로 제조업 부문의 경쟁력을 더욱 강화시키고 산업다변화를 촉진하는 데 목표를 두고 있다.

이 프로그램의 주요 목적에는 1) 제조업 발전 촉진, 2) 주요 산업분야에서 부가가치와 효율성 향상, 3) 비석유 부문의 비중증가를 위한 시장 확대, 4) 효율적인 일자리 창출, 5) 제조업 우선 분

---

[1] 2011년 4월 3일 4번째 카자흐스탄 대통령으로 선출된 나자르바예프의 임기는 2016년 12월까지였으나 2015년 4월 26일 조기 대선을 통해 5번째 카자흐스탄 대통령으로 선출되었다.

야의 기술 효율성 증대와 혁신 클러스터 조성을 통한 미래 산업 기반마련, 6) 제조업 분야에서 비즈니스 활동 촉진과 중소기업 발전 등이 포함된다.

　카자흐스탄 정부는 이러한 과제 실현을 위해 연간 구체적인 투입 재정을 확정하였다. 정부는 2단계 1차 연도인 2015년에 약 3,275억 텡게라는 많은 자원을 투입하여 산업화의 속도를 낸다는 전략을 세운바 있다. 이후 2016년에도 약 1,113억 텡게를 투입할 계획에 있으며 2019년에는 약 658억 텡게의 예산을 투입할 계획이다. 1단계의 산업화 전략보다 훨씬 많은 예산이 투입되고 있으며 1단계 경제특구의 기반 조성에 이어 2단계에서는 이를 기반으로 한 본격적인 산업화를 추진한다는 계획이다. 다음의 <표 1>은 2 단계 프로그램에 대한 정부의 예산 추진 계획을 보여준다.

<표 1> 2단계 산업화 프로그램에 대한 정부 예산

(단위: 백만 텡게)

연도	2015	2016	2017	2018	2019
금액	327,506.3	111,324.6	74,464.6	64,785.3	65,828.8

자료: Baiterek 홈페이지

　앞서 언급한 바와 같이, 카자흐스탄 정부는 산업발전 계획에서 국가 경제에서 정부의 역할을 축소하고 민간부문을 강화할 것이라는 목표를 내세우고 있으나 산업화와 주요 전략 산업에 있어서는 정부의 주도권을 놓지 않을 것임을 분명히 하고 있다.

▰ 바이테렉(Байтерек): 자원 분배과 관리를 동시에

정부는 혁신적인 산업을 육성하는 데 있어 단순히 세금을 감면하는 등의 세제 혜택을 주는 방식은 적합하지 않다고 규정하고 있다(КИСИ 2014, с. 48.). 세금면제 방식의 산업육성책은 현재에도 존재하고 있으나 그다지 두드러진 성과를 냈다고 보기 어렵다는 것이다. 따라서 새로운 산업 육성을 위해서는 정부가 직접 관리하는 자금을 조성하고 조성된 자금을 각각의 목적에 부합하도록 기업에 배분하거나 운영하는 방식의 정책실현을 선호하고 있다. 이에 따라 카자흐스탄 정부는 정부재원의 분배를 통해 산업간 조정자 역할을 수행하고 있으며 정책현실화의 결과물을 염두에 둔 다양한 방식의 정부운영 펀드 및 기구를 산업육성의 도구로 삼고 있다.

카자흐스탄 정부는 이러한 산업정책의 수행을 목적으로 2000년대 초반 산업부문에 대한 직접적인 자금 지원 목적의 다양한 국가

기구를 창설하였다. 2000년대 초부터 국제원자재 가격 상승이 시작되었고 원유와 천연가스, 광물 등의 원자재 수출로 막대한 금액의 외화가 유입되자 카자흐스탄 정부는 이들 자금을 원자재 이외의 산업분야 발전을 위한 각종 마중물로 사용하기 시작하였다.

카자흐스탄 정부가 이러한 정책적 의도를 실현하기 위하여 동원한 정책 메커니즘은 매우 특기할 만한 것인데 그 요체는 2013년 국영 지주회사인 '바이테렉(Байтерек)'을 설립하는 것이었다. 이 기구는 효율적인 산업정책 집행과 자금 제공, 운영과 관리의 편의를 목적으로 한다. 즉, 산업정책의 구성요소에 있어서 자원의 배분(Channelling)과 관리(Management)를 동시에 담당하고 있는 것이다. 2014년 말 기준으로 바이테렉은 산하에 11개의 자회사를 두고 있으며 정부에서 추진하고 있는 <카자흐스탄-2050>의 성공적인 추진을 위해 자국 경제에서 우선적으로 발전시켜야 하는 부문에 대해 정부차원의 재정적인 자금 제공과 행정적인 지원을 목표로 하고 있다.

특히 바이테렉의 자회사 중에서 '기술 개발공사', '카자흐스탄 투자펀드', '카자흐스탄 개발은행' 등의 3개 기업은 카자흐스탄 산업화와 산업다각화의 목적에 가장 부합하도록 정부의 자금을 기업에게 제공하는 역할을 하고 있다. 이들은 모두 정부가 설립한

국영기업으로 바이테렉 산하에서 관리·감독을 받으면서 산업화의 자금줄 역할을 하고 있다.

먼저 '기술 개발공사'는 카자흐스탄 정부가 2003년 '국가혁신펀드(Национальный инновационный фонд)'라는 명칭으로 창설하였다. 이 공사의 설립목적은 카자흐스탄 내에서 산업분야의 혁신적인 기업 활동을 축적된 자금을 활용하여 재정적으로 지원함과 동시에 기업들의 성장을 위해 운영적인 지원을 겸하는 목적을 갖고 있다. 따라서 혁신적인 기술을 가진 기업들의 창업에서부터 성장에 이르기까지 비즈니스 인큐베이팅 역할을 수행하는 국가기구로 볼 수 있다. 혁신적인 기술을 보유하고 있지만 자금이 부족하거나 창업 초기단계에 있는 기업들이 성장할 수 있도록 초기 자금을 지원해 주는 역할을 수행한다. 다음의 <표 2>는 2013년 기준 기술 개발공사의 자금 지원 내역을 보여주고 있다.

<표 2> 기술 개발공사의 부문별 자금 지원내역(2013년)

부문	금액 (백만 텡게)	비고
혁신자금 지원	822.8	산업별 선별 지원
비즈니스 인큐베이팅	307.0	테크노 파크 입주기업 운영관련 지원
기술 이전 자금지원	80.7	로열티 지급 자금지원

자료: 기술 개발공사 2013년 사업보고서

위의 표에서 나타나고 있는 것과 같이 기술 개발공사의 자금 지원사업 가운데 가장 비중이 큰 것은 각 산업에 대한 혁신 자금 지원 부문이다. 2013년 한 해에 총 44개 혁신 프로젝트에 대해 약 8억 2,280만 텡게의 자금을 지원하였다. 혁신자금은 기본적으로 수혜를 입은 기업이 상환의무를 갖지 않는 자금으로 기업이 혁신자금을 신청하면 공사는 내부적인 선별절차를 통해 수혜기업을 결정하게 된다. 2013년의 44개 선정 기업을 산업 분야별로 나누어 보면 다음의 <그림 1>과 같다.

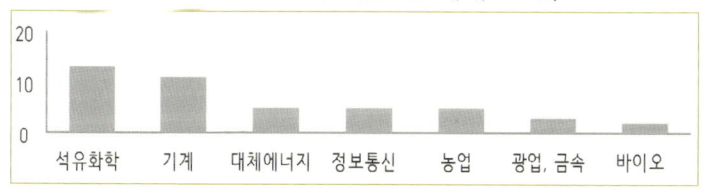

<그림 1> 산업별 혁신자금 지원 내역(2013년)

주) 세로축의 숫자는 지원기업의 숫자를 나타냄
자료: 기술 개발공사 2013년 사업보고서

혁신 자금의 산업별 지원내역을 보면 석유화학 산업이 총 13건의 지원을 받아 가장 많은 지원을 받고 있다. 그 다음은 기계 부문으로 총 11건의 자금지원을 받았다. 그 뒤를 이어 대체에너지, 정보통신, 농업 부문이 각 5개 프로젝트에서 선정되었으며 광업·

금속 부문과 바이오 부문은 각각 3개와 2개의 프로젝트에서 선정되었다.

석유화학 부문에서 혁신적인 기술을 가진 기업의 창업이 많고 이에 대한 공사의 지원비중이 높은 것은 카자흐스탄의 전반적인 화학 및 석유화학 산업 성장 기조와 무관하지 않다. 앞서 살펴보았듯이, 카자흐스탄 경제에서 원유를 중심으로 한 채굴산업과 가공부문이 핵심적인 역할을 하고 있고 이를 기반으로 한 산업부문이 성장세를 보였던 것이다. 카자흐스탄 정부가 파블로다르, 아티라우, 잠불 지역에 조성한 경제특구의 경우 화학제품이나 석유화학 제품에 특화된 경제특구로 성장시키려는 노력을 기울이는 것도 이와 연관이 있다.[2]

광업이나 금속관련 프로젝트 역시 석유화학 부문과 마찬가지로 천연자원과 관련된 전·후방산업과 연계된 혁신 프로젝트의 일부분으로 볼 수 있다. 대체에너지 부문에 대한 프로젝트가 5건 선정된

---

[2] 다른 산업 부문과 마찬가지로 원유·가스 산업 역시 산업 내에서의 지속적인 혁신을 통해 지속가능한 경쟁력을 갖추는 것이 중요하다. PwC가 원유·가스관련 기업의 중역들을 대상으로 한 설문결과에서 88%의 응답자가 향후 5년 내 기업발전에 있어 혁신이 중요한 요소라고 답하였다. 카자흐스탄의 경우 원유·가스를 기반으로 한 석유화학 산업의 발전이 국가경제에서 중요한 요인이며 지속적인 산업 내 우위를 달성하기 위해서는 현재의 투자뿐만 아니라, 혁신적 기술을 보유한 기업에 대한 끊임없는 투자가 필요하다. PwC Consulting, p.3.

사실도 고무적이라고 볼 수 있다. 현재로서 카자흐스탄은 자원이 풍부한 국가로 대체에너지 개발에 대한 적극적인 필요성이 제기되지 않고 있으나 향후 자원고갈과 환경 문제 등에 대비한 대체에너지 기술의 개발은 중요한 과제이다. 또한 대체에너지 부문에서 혁신적인 기술을 가진 기업이 등장하고 있다는 것도 다양한 산업발전에 도움이 될 것이다.

기술개발 공사의 또 다른 자금 지원은 비즈니스 인큐베이팅 사업을 통해서 이루어지고 있다. 이 공사는 자회사로 9개의 각 지방별 테크노 파크와 6개의 기타 기관을 두고 있다(기술 개발공사 2013년 사업보고서, p. 128.). 비즈니스 인큐베이팅 사업은 주로 9개 테크노 파크에 입주한 약 20개 기업에 대한 운영자금 지원으로 보조되고 있다. 또한 기술이전 자금 지원은 기업이 필요로 하는 기술사용에 대한 로열티 지급을 보조하는 형태로 사용되고 있는데 그 금액은 그리 크지 않다.

상기의 자금들은 공사가 자금지원을 하지만 원칙적으로 자금회수에 대한 권리와 의무는 없는 지원금이다.[3] 즉, 정부차원에서 혁신 프로젝트의 성공여부에 관계없이 기업에 대해 공여하는 성격

---

3) 반면, 일부 자금의 경우 국내와 국외로 나뉘어 향후 투자 및 이익금 회수를 목적으로 하는 형태의 자금지원도 있으나 그 금액은 전자에 비해 그리 크지 않다.

의 자금이다. 자금 수혜를 받는 기업들은 주로 기술력을 가진 소규모 벤처기업들이다.

초기의 '국가혁신펀드' 라는 명칭은 2012년 '기술 개발공사(Национальное агентство по технологическому развитию)'로 변경되었고 2013년 5월 국영지주회사인 '바이테렉' 산하의 기업으로 등록되었다. '카자흐스탄 투자펀드(Инвестиционный фонд Казахстана)'는 2003년 5월에 설립되었으며 2011년 8월 정부의 신기술 산업부 산하로 이관되었다. 이후 2013년 5월 바이테렉 산하 기업으로 등록되었다. 2014년까지 이 펀드의 기능은 사실상 다른 펀드와 중복되는 성격을 갖고 있었다. 2013년 기준으로 카자흐스탄 투자펀드가 지분의 일부에 대해 투자하고 있는 기업은 다음의 <표 3>과 같다.

<표 3> 카자흐스탄 투자펀드의 지분투자 기업과 총액(2013년)

산업부문	기업 수	투자 총액 (십억 텡게)
목재가공	5	6.9
야금, 채굴	4	2.6
화학	1	1.0
섬유	2	1.3
항공	1	0.5
건설, 자재	4	2.6
농업	3	4.0
수산업	1	1.2
교통	1	5.8
금속제조	1	0.2

주) 지분투자 기업 중 지분전량이 아닌 일부 투자기업만을 나타냄.
자료: ПРОЕКТЫ АО ≪ИНВЕСТИЦИОННЫЙ ФОНД КАЗАХСТАНА≫

카자흐스탄 투자펀드가 2013년을 기준으로 가장 많은 금액을 투자한 산업부문은 목재가공과 교통, 농업의 순서이다. 특히 목재가공 부문은 총 5개의 기업에 약 69억 텡게의 자금을 투자하여 가장 높은 투자비중을 보이고 있다. 다음으로는 교통 부분으로 1개 기업에 대한 투자가 58억 텡게에 이를 정도로 집중적인 투자 성향을 보이고 있는데, 이 기업은 카자흐스탄 철도공사이다. 다음의 투자비중이 높은 산업분야는 농업, 건설부문, 야금·채굴 부문으로 나타나고 있다.

카자흐스탄 투자펀드가 기술개발공사의 자금 지원정책과 다른 점은 첫째, 同공사의 경우 사실상 투자를 통해 해당기업의 지분을 매입해왔다는 점이다. 투자 내역가운데 지분의 전부(100%)를 매입한 기업은 10개로 나타나는데, 그 숫자와 금액이 그리 크지 않으며 상당부분은 지분의 일부를 매입한 투자형태로 나타나고 있다.

둘째, 각각의 기업에 대한 투자 금액 규모가 상당히 크게 나타나고 있으며 산업분야가 기술개발공사의 투자 분야와 차이를 보이고 있다. 기술개발 공사의 투자금액과 투자부문이 기술력을 가진 벤처기업에 대한 투자에 집중되면서 전통적인 제조업과 신사업 분야를 망라했다면 카자흐스탄 투자펀드는 주로 안정적이고 부침이 없는 전통적인 산업 부문에 집중되어 있음을 알 수 있다.

하지만 카자흐스탄 투자펀드는 2014년 11월에 2014년부터 2023년까지 수행해야 하는 전략방향을 새롭게 설정하였다(Стратегия развития, с.7). 첫 번째 추진 방향은 새로운 경제 분야에 대한 재정적 지원이다. 특히 이 펀드에서 중점적으로 지원하고 있는 부분은 카자흐스탄 중·단기 산업화정책인 <비즈니스 로드맵-2020> 전략의 실현에 있다. 이 전략은 앞서 살펴본 것처럼 3가지 주요 실행과제로 구성되어 있는데 이 가운데 신(新)비즈니스 이니셔티브의 지원의 실행과제는 카자흐스탄 투자펀드의 주요 추진방향

가운데 하나이다. 또한 재정적 지원에는 <비즈니스 로드맵-2020> 실현을 위해 선별된 기업에 대한 재정지원만 포함되는 것이 아니라, 바이테렉에 포함된 기업과 또 다른 정부지주회사인 '삼룩-카지나(Самрук-Казина)'의 자회사로 편입되어 있는 기업 간의 효율적인 협업과 활동을 촉진하기 위한 지원이 포함된다.

두 번째 추진방향은 산업부문의 건전화이다. 이러한 방향은 <비즈니스 로드맵-2020>의 실행과제인 '기업부문 건전화'의 실현에 있다. 정부가 추진하고 있는 각종 산업부문의 현대화와 국영기업의 많은 과제들 가운데 수익성이 떨어지거나 부실화된 부분을 효율화시키고 수익성을 개선시키는 것이 주요 과제이다.

카자흐스탄 경제에서 부실화된 기업의 문제는 2008년 글로벌 금융위기를 전후해 도산하는 기업이 크게 늘어나면서 확대되기 시작했다. 특히 정부가 부실화된 기업을 처리하는 과정에서 기업을 그대로 도산시키기 보다는 부실자산을 포함해 국영화시키는 사례들이 증가하면서 기업부문에서의 비효율성 문제가 확대되었다. 이처럼 구조조정을 요하는 기업부문에 대해 카자흐스탄 투자펀드가 부실자산을 정리하고 경영을 효율화 시키는 역할을 하는 것이 두 번째 목적이다. 정부가 신 산업육성과 다각화를 위해 의욕적으로 투자를 한 산업이라 하더라도 처음의 예상과 부합하지 않게 발전이 더디게 나타나 수익성이 악화되거나 개선이 필요한 상황이 될 수 있다. 이러할 때 자산 구조조정에 있어 카자흐스탄 투자펀드가 부실자산을 정리하는 특화된 역할을 수행할 수 있다.

카자흐스탄 개발은행(Банк развития Казахстана)

'카자흐스탄 개발은행(Банк развития Казахстана)'은 2001년 대통령령에 의해 설립되었다. 이 은행 역시 정부지주회사인 바이테렉 산하 기업으로 등록되었으며 설립목적은 카자흐스탄 경제의 자원의존도를 완화하여 비자원 부문을 활성화시키는데 있다. 이를 위한 주요 실행목표로는 공공투자부문의 효율성을 강화하고, 제조업과 산업 인프라를 발전시키며 국내외투자를 활성화시키는 데 있다. 또한 금융기관으로 자금을 모집하고 분배하는 기능에 초점을 맞추고 있는데 카자흐스탄 개발은행의 경우 여신을 제공하는 경우는 다음의 3가지 부문에 초점을 맞추고 있다.

1) 투자 프로젝트에 대한 여신으로 최저 5년에서 10년까지 제공하며 최저금액은 3,000만 달러 이상, 2) 기업에 대한 자금대여로 최저 3년에서 20년까지 최저금액은 100만 달러 이상, 3) 수출

금융 부문으로 최저 1년에서 3년까지 최저금액은 100만 달러 이상 등이다(카자흐스탄 개발은행 홈페이지). 앞선 기술 개발공사나 카자흐스탄 투자펀드의 자금 지원과는 달리 금융기관으로서의 고유목적에 충실한 역할을 수행하고 있다.

카자흐스탄 개발은행의 설립 이후 2014년까지 약 13년간 총 86억 달러의 자금을 기반으로 약 75개의 프로젝트에 대한 여신을 제공해 왔다(DBK, p. 2.). 2013년을 기준으로 카자흐스탄 산업은행이 자금을 제공한 프로젝트의 산업별 비중은 다음의 <그림 2>와 같다.

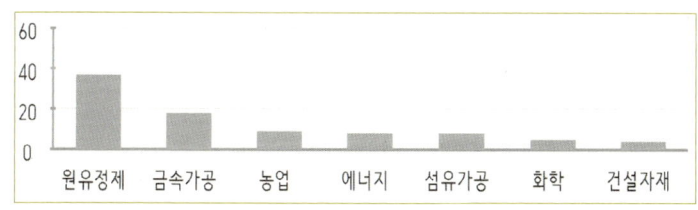

<그림 2> 카자흐스탄 개발은행의 산업별 투자 비중(2013년)

자료: Годовые отчеты 2013, Банк развития Казахстана

은행의 산업별 투자 비중은 원유정제 부문이 37%로서 가장 많은 비중을 차지하고 있으며 그 뒤를 이어 금속가공 18%, 농업 9%, 에너지 및 섬유가공 부문이 각각 8%, 화학 5%, 건설자재가

4%를 차지하고 있다. 주로 대형 프로젝트에 대한 여신제공이 주요 기능인 은행의 기능상 원유 등 자원관련 시설에 대한 비중이 높게 나타나고 있는 것이다.

카자흐스탄 개발은행이 주로 투자한 프로젝트 가운데 하나는 카자흐스탄 정부가 아티라우 지역에 조성한 경제특구인 '국영산업·석유화학 테크노파크(National Industrial Petrochemical Technology Park)' 내에 '카자흐스탄 석유화학 산업(Kazakhstan Petrochemical Industries Inc.)'이 건설 중인 석유화학공장이 있다. 이 공장은 총사업비 약 20억 달러가 소요되는 대형 프로젝트로 연간 약 50만 톤의 폴리프로필렌(polypropylene) 생산을 목표로 하고 있으며 생산된 제품은 중국, 동유럽 및 CIS 국가로의 수출을 목표로 하고 있다. 또한 같은 경제특구 내에 '아티라우 정유(Atyrau Refinery)'가 총사업비 약 18억 달러를 들여 건설 중인 원유정제 시설에도 투자하고 있다. 이와 같은 원유 정제 및 석유화학 시설은 설비투자가 크게 필요한 산업으로 이 은행의 투자 비중이 높게 나타나고 있다.

금속 가공 부문에서는 철로와 철골 구조물 생산 가공 공장이 '악토베(Aktobe)' 지역에 건설 중이다. 이 프로젝트는 총사업비 약 3억 7,000만 달러의 대형 사업으로 이 공장에서 생산되는 철로와 철골 구조물은 카자흐스탄 정부가 추진하는 국내 철도 건설에 사용될 계획이다.

  카자흐스탄 개발은행에서 지원하는 많은 산업 프로젝트들은 카자흐스탄의 중·단기 산업발전 프로그램인 <국가 산업·혁신발전 프로그램>의 주요 과제로 포함되어 있는 프로젝트들이다. 즉, 카자흐스탄 개발은행은 정부추진 산업발전 프로그램을 재정적으로 지원하고 있는 형태를 보이고 있다.

  앞의 3가지 산업정책 지원 기관의 주요 투자부문을 보면 가장 많은 금액을 투자하고 있는 카자흐스탄 개발은행의 경우 주로 원유정제와 금속가공과 같은 카자흐스탄이 전통적으로 강점을 가진 자원채굴 부문을 활용할 수 있는 산업부문에 많은 투자가 이루어지고 있음을 알 수 있다. 이러한 특성은 비교적 신규벤처 기업에 대한 지원이 주로 이루어지는 기술 개발공사의 경우에도 나타나고 있는데 이 공사의 경우도 자금 지원에 있어 석유화학 부문 기업에 대한 투자가 가장 많았다. 즉, 카자흐스탄 정부는 채굴산업의 수직계열화를 통한 안정적인 원료 확보와 이를 기반으로 한 산업발전 추진을 가장 중요한 과제로 추진하고 있음을 알 수 있으며 동시에 해당분야에서 기술력을 갖춘 벤처기업에도 투자함으로써 선도적인 기술개발에도 힘쓰고 있다는 점이다.

채굴관련 분야 이외에 카자흐스탄 정부가 많은 투자를 기울이고 있는 산업부문은 건설자재, 농업, 에너지 부문이다. 카자흐스탄은 아스타나 및 알마티를 중심으로 도시화가 지속되면서 건축자재에 대한 수요가 확대되어 왔다. 그러나 국내에서 생산되는 건축자재는 제한적인 관계로, 저가의 건축자재는 중국 및 터키에서, 고가의 건축자재는 주로 이탈리아 등지에서 수입해 왔다. 정부는 이러한 상황을 타개하기 위해 건축자재의 국내생산을 위해 힘써왔고 다양한 프로젝트에 대한 대출 및 자금지원을 추진하고 있다.

에너지 부문 또한 정부의 많은 지원이 이루어지고 있다. 카자흐스탄은 국토가 넓고 주요 거점도시를 중심으로 인구가 편중된 구조를 갖고 있어 효율적인 에너지의 송·배전이 중요한 과제이며 지역에 따라 에너지 수급에 문제를 겪고 있어 에너지 분야에도 많은 투자를 해왔다. 다음의 <표 4>는 카자흐스탄 개발은행이 자금을 지원한 주요 에너지 관련 프로젝트이다.

<표 4> 카자흐스탄 개발은행의 에너지관련 주요 프로젝트

수혜 기업	주요 내용
KEGOS JSC	- 카자흐스탄 남부지역의 에너지 수급개선 목적 - 송·배전망 추가 건설을 통한 배전용량 확대
Almaty Power Plants JSC	- 알마티 지역의 전력 공급 확대 목적 - 주요 시설 교체
Karaganda Energocenter LLP	- 카라간다 지역 전력인프라 개선 확대 - 전기생산 확대를 위한 주요 장비 및 시설 교체

자료) DBK 2014.

자금지원을 받는 주요 에너지 프로젝트는 전기 생산 및 공급과 관련한 프로젝트들이 많은 비중을 차지하고 있으며 아직까지 신재생 에너지 등과 같은 분야의 투자는 눈에 띄지 않고 있다. 즉, 현재까지는 전통적인 에너지의 생산과 공급분야의 기본적인 인프라개발과 개선 분야에 초점을 맞추고 있다고 볼 수 있다.

박지원(대한무역투자진흥공사 연구위원)

참고문헌　PwC Consulting: PwC Consulting, "Gateway to growth: innovation in the oil and gas industry,"2013.

DBK: Development Bank of Kazakhstan, "Information on Implemented and commissioned projects of Development Bank of Kazakhstan and DBK Leasing JSC," 2014.

КИСИ 2014: *КИСИ, Казахстанский путь - 2050. Книга 1. Экономика Казахстана в XXI веке*, (Алматы: Волкова Е.В, 2014).

Стратегия развития: Стратегия развития <Инвестиционный фонд Казахстана> на 2014-2023 годы.

ПРОЕКТЫ АО ≪ИНВЕСТИЦИОННЫЙ ФОНД КАЗАХСТАНА≫

기술 개발공사 2013년 사업보고서.

카자흐스탄 개발은행 홈페이지: http://www.kdb.kz/ru/about/about/, 검색일: 2015년 7월 13일.

방일권

키르기스스탄 경제 현황과 한국의 진출

소련에서 독립한 중앙아시아 국가들은 신생국 출범 초기의 급작스런 사회 혼란과 고통스러운 시장경제로의 체제전환 과정을 경험하지만 2000년 이후 세계적인 자원 수요를 힘입어 급속한 경제성장의 길을 걸었다. 한국에 있어서도 중앙아시아 국가들은 소위 블루오션(Blue Ocean)으로 일컬어지는 매력적인 기회의 땅으로 부상했다. 1990년대 말부터 2000년대로 접어드는 시점에 카자흐스탄과 우즈베키스탄을 중심으로 한 적극적인 외국기업 투자유치 전략에 힘입어 우리 기업들도 희망을 안고 중앙아시아로의 진출을 서둘렀다.

　2008년의 경제 위기라는 파고가 자원 중심의 중앙아시아 경제를 심각하게 위축시켜 약 3년간의 경제침체를 초래하기도 했지만 2015년도의 세계적 유가하락 상황 이전까지 연 6% 이상의 건실한 경제성장을 배경으로 중앙아시아는 존재감을 부각시켜 왔다. 물론 2011년 이후 이들 국가의 성장은 무엇보다 국제원자재 가격의 상승에 힘입은 바 크지만 각 국가의 발전전략을 바탕으로 한 정부 주도 전략과 적극적인 사회 인프라 투자의 영향에 힘입었음을 주목할 필요가 있다. 자원의존적 경제의 취약성을 경험한 이들 국가는 경제적 불안에 대비한 산업의 다각화와 경제 체제의 현대화를 표방하면서 에너지와 교통, IT 분야 등 다방면에 걸친 사회 인프라 투자에 관심을 크게 쏟았던 것이다(산업통상자원부 2013, 12-13).

　세계적인 경제 불투명성이 더욱 짙어지는 2016년 상반기의 시점에서 각국의 대응이 얼마나 성공적인지를 평가하기는 많은 한계가 있는 것이 사실이지만, 중앙아시아 국가들 중에 우리의 관심은 여전히 두 나라로 집중되고 있다. 즉 풍부한 지하자원의 보유국이자 투자매력도에서 우선순위를 보이는 카자흐스탄과 지역에서 가장 많은 인구수와 지하자원을 보유하며 수르길을 비롯한 대규모 건설사업 등에 한국의 참여를 허용한 우즈베키스탄이다. 상대적으로 이들과 국경을 맞댄 키르기스스탄의 경우 매력 포인트를 찾기가 쉽지 않은 것은 사실인데 키르기스스탄에 대한 투자정보 및 사업관련 정보가 부족한 것도 상대적으로 적은 관심에서 영향을 받았다고 볼 수 있다.

정보가 적은 상태에서 성급한 시장진입은 키르기스스탄으로 진출하고자 하는 투자자들에게는 사업실패의 주된 원인이 될 수밖에 없다. 중앙아시아 국가 진출에 있어서 현재 진출해 있는 사업가들의 현장 목소리를 중심으로 키르기스스탄에서의 고충과 주의해야 할 점들에 대해 알아보며, 투자 유망 분야에 대한 진단도 진행해보고자 한다.

튤립 혁명의 역동성

사회주의 체제에서 시장경제 체제로의 전환을 이룬 중앙아시아 국가들에게 체제전환 과정에서의 과도기적 모습은 한편으로 불가피한 측면이라고 할 수 있겠다. 하지만 외국 투자자들에게 그것은 특별한 투자리스크였다. 특히 체제전환 과정에서 지금까지 잔존하고 있는 정권들의 권위주의적 성향은 중앙아시아 모든 국가에서 나타나고 있다.

중앙아시아에서 한국의 대표적인 진출 국가인 우즈베키스탄과 투르크메니스탄이 대표적인 국가라고 볼 수 있다. 양국은 권위주의적 정부 체제 아래 국가가 운영되나 상대적으로 카자흐스탄은 경제 분야에서는 체제의 경직성과 반대로 외국인 투자 확대와 적극적인 시장개방정책을 통해 급부상하고 있다.

카자흐스탄의 이웃 또는 형제 나라라고 할 수 있는 키르기스스탄 역시 적극적인 외국인투자유치와 시장경제 체제 속에서 사회주의의 옷을 벗고 시장주의를 향해 나가고자 애쓰고 있다. 특히 키르기스스탄은 중앙아시아 국가들 가운데 가장 민주적인 나라로 평가받는다. 2005년과 2010년 두 차례에 걸친 민주주의 운동을 통해 정권 교체를 이루었던 역동성으로 우리의 기억에도 각인되어 있는 이른바 튤립혁명과 레몬혁명으로 일컬어지는 민주화 운동의 물결은 정치적 부정부패, 경제개혁의 실패, 정부 요직에 대한 광범위한 친인척 등용 그리고 집권정부의 야당과 언론 탄압 등에 염증을 느낀 국민들의 열망이 터져 나온 결과였다.

두드러진 정치적 혁신의 시도를 통해 오늘날 키르기스스탄은 중앙아시아 국가들 가운데 가장 민주정치가 잘 실현된 국가로 평가받는 발판을 마련했다. 2015년 총선에서 역시 국제선거참관단(IEO)은 민주적 선택의 과정을 호평하였다. 여기에는 대한민국 선거관리위원회의 자동개표기 지원도 있었는데, 이를 통해 이전의 선거보다 공정하고 투명한 절차를 통해 민주화를 앞당겼다는 긍정적인 평가가 이어지고 있다.

불리한 경제적 상황

괄목할 만한 정치의 민주화 도약에 비하면 경제사정은 그리 밝지 않다. 키르기스스탄은 전형적인 산악국가이다. 카자흐스탄과 우즈베키스탄처럼 국제적인 관심을 받지 못하는 이유 역시 상대적으로 열악한 지하자원의 부재가 크다고 할 수 있다. 동일한 이유에서 키르기스스탄은 내수산업활성화를 이루지 못했으며, 연쇄적으로 러시아와 카자흐스탄 등 나라 밖으로 일자리를 찾아 떠나는 이주 노동자들이 많아지면서 외국으로부터의 자국민 송금이 키르기스스탄 GDP의 30%를 차지할 정도로 국제사회의 경제 상황에 크게 영향을 받는 기형적인 구조가 만들어졌다.

특히 2015년 자원보유국들이 경험한 저주와 같은 상황에서 키르기스스탄이 입은 타격은 심대했다. 188개국을 대상으로 한 2013년 세계 경제성장률 순위에서 키르기스스탄은 10.53%로 세계 5위까지 올라가는 희망의 시기를 보냈지만, 2015년 러시아와 카자흐스탄의 저성장에 직격탄을 맞으면서 튤립 혁명 이후 달성해 온 10% 안팎의 성장에 도달하지 못한 것은 물론이고 세계은행이 전망했던 6.5%보다 낮은 4.5%의 성장률에 그쳤던 것이다(IMF 2014).

하지만 주변국에 비하면 키르기스스탄이 최근 2년간 4%의 경제성장률을 달성한 데 이어, 2016년의 글로벌 경기 위기에도 불구하고 플러스 성장이 전망된다는 점에서 고무적이다. 2015년 경제성장률이 -3.7%였고 올해도 -1.9%로 전망되는 러시아와 2015년 1.5% 성장률을 기록하고 올해는 0.5%로 전망되는 카자흐스탄에 비하면 키르기스스탄은 안정적인 경제 성장세를 유지하는 경우로 볼 수 있겠다.

성장을 위한 정부의 전략

키르기스스탄의 상대적으로 양호한 경제 성장 전망은 무엇보다 자신의 약점을 잘 알고 있는 정부의 꾸준한 타개책에서 기인한다고 할 수 있다. 상대적 자원빈국인 키르키스스탄 정부는 독립국가연합(CIS) 중 가장 먼저 WTO에 가입(1998년)하였을 뿐 아니라 최근에 유라시아경제연합(EAEU)에 가입(2015.8)하는 등 대외적으로 무역장벽의 철폐를 위해 지속적 노력을 기울였다. 외자 유치는 독립 이후의 정치 불안과 산업 인프라 부족에 따른 난점들을 타개하는 방편이기도 하다.

키르기스스탄 정부는 지난 1996년 수도 비슈케크 인근 등 총 5곳에 경제자유구역을 설치하고 외국기업의 투자유치에 공을 들이고 있다. 정부는 낙후된 교통인프라 개선과 확충, 지속가능한 경제 발전을 위해 각종 제도개혁, 외국인투자 유치 등 대내외적으로 부단한 노력을 기울이고 있다. 일부 성과는 가시적 지표로도 확인되는데, 올해 3월에 국가통계위원회가 발표한 2015년 외국인의 키르기스스탄 투자액은 8억 1,880만 달러로 2014년 대비 12.6% 증가한 액수였다(http://www.eng.24.kg).

이상과 같은 정부의 태도는 자국내 민주주의의 확대를 외국인 투자 유치에 유리하게 작용하는 투자 환경의 한 요소로 보는 아탐바에프(Almaz Atambayev) 대통령의 인식에 기반을 두고 있다. 2013년 1월 현 아탐바에프 대통령이 지난 2010년에 있었던 민족 간의 갈등 사태를 포함한 과거 키르기스스탄의 불안정한 정치적 환경을 뒤로하고 정치적 안정의 기조 가운데 외국인 투자자를 유치하고 국가적 번영을 이루어나가야 한다고 강조하면서 곧바로 경제개발전략 5개년 계획의 채택을 선언했던 데에서 잘 나타난다.

'키르기스 공화국 지속 가능 발전 전략'이라는 이 계획안은 통상적으로 줄여서 '2013~2017 성장전략'이라고 불리는 중기 계획안으로 향후 5년 이내에 당시 GDP의 약 2배에 달하는 130억 달러의 달성을 목표로 잡았다. 발전전략은 키르기스스탄 사회 경제 발전을 위한 중기 계획 뿐 아니라 농업, 제조업, 관광, 에너지, 교통, 통신 등 분야별 발전 계획을 포함하고 있다.

야심찬 발전전략을 달성하기 위해서는 부담도 만만치 않았다. 매년 성장률을 최소 7% 이상 유지해야 하며 국가 채무가 GDP의 60% 미만으로 관리되어야 하고, 농업, 광산, 교통, 전력 및 기타 부문에서 다양한 프로젝트 수행을 위해 투자 및 원조 자금이 지속적으로 유치되어야 했던 것이다. 정부가 러시아, 중국, 카자흐스탄에 의존적인 자국의 경제 환경을 충분히 활용하여 글로벌 시장에 대한 편입 속도를 가속화하고 지역 내의 지경학적 지정학적 트렌드를 충분히 활용하는데 역점을 두겠다고 밝힌 것도 이를 의식한 내용이었다. 하지만, 전략에 제시된 목표에 비해 제조업 기반이 취약한 키르기스스탄 상황에서 목표 달성을 위한 세부 필수요소들이 부족하다는 비판을 받기도 한다(박지원 2013-1; 한홍렬 2016, 59).

야심찬 성장 전략에 따라 경제자유구역에 들어 온 외국 기업은 1주일 이내에 법인 등록증을 받을 수 있고 공장부지나 건물 등도 제공받을 수 있게 되었다. 이러한 혜택은 현재도 지속되고 있다. 정부가 열악한 내수경제를 타파하고 적극적인 외국자본 유치를 통해 국가경제발전 도약이라는 목표를 달성하기 위해 노력하는 모습은 긍정적인 면이라고 할 수 있겠다. 실제로 2014년 러시아와 우크라이나 간 갈등으로 국제정세가 경제에 상당한 영향을 미치기 전까지 정부 정책은 단기적으로 긍정적 효과를 낳았다고 평가되었다. 2013년에 목표로 한 8.5%의 경제성장률을 2% 가량 초과 달성한 것이 이를 대표한다(IMF 2014).

세제 혜택이나 신속한 인허가 등을 주변 중앙아시아 국가들에 비해 두드러진 경쟁력으로 부각시킬 수 있었던 것은 키르기스스탄의 지리적 이점 때문이다. 중국, 카자흐스탄, 우즈베키스탄, 타지키스탄과 접경하고 있어 물류의 허브 역할을 할 수 있고, 아제르바이잔과도 체결된 관세 동맹을 고려하면 약 1억 6천만 인구를 배후로 하는 투르크권 시장으로의 진출에 유리한 요소가 된다.

키르기스스탄의 또 다른 경쟁력으로 꼽히는 요소에는 값싼 노동력과 중앙아시아의 스위스라고 불릴 만한 천혜의 자연환경이 있다. 특히 세계에서 두 번째로 큰 산정호수 이식쿨(Issyk-Kul)은 키르기스스탄의 주목할 만한 산업분야로 경제성장의 견인 역할을 하는 관광산업의 핵심이다. 금 생산 세계 5위국인 이 나라에 안티몬, 수은, 우라늄, 석탄, 납, 아연, 구리 등의 광물 자원의 가능성을 보는 투자자들의 눈길도 끊어지지 않고 있다.

▎ 한국의 진출 상황

2016년 6월 말 대한무역투자진흥공사(Kotra)는 중앙아시아 시장 진출을 위해 각국의 경제특구를 활용한 진출 전략을 마련하는 것이 유리할 것이라고 권하고 있다. 중앙아시아 국가들은 자원 의존에서 탈피하기 위해 자국 내 제조업 육성을 위한 노력을 기울이면서 경제특구를 통해 외국기업의 자본과 기술력을 도입하고 자국 내 산업발전에 활용하기 위해 노력하고 있다는 것이다 (KOTRA 2015). 2016년 6월 현재 10개의 경제특구를 개설한 카자흐스탄과 3개의 특구를 지정하고 있는 우즈베키스탄을 중심으로 한 이 보고서에서 키르기스스탄의 경제특구에 대한 논의가 빠져 있기는 하지만 실제 키르기스스탄의 제조업 육성을 위한 정부의 정책에 호응하는 투자전략으로 경제특구를 활용한 진출을 시도하는 사례는 부각되지 않고 있다.

2016년 현재 한국의 대기업들이 키르기스스탄에 진출한 사례는 보이지 않는다. 키르기스스탄에 진출한 한국인들의 업종을 살펴보면 모두 수도 비슈케크에 위치하고 있는 서비스업[요식업(10), 미용업(3), 관광사(3)] 외에 건축업(3), 광산업, 약초업 등으로 파악된다. 최근에도 적지 않은 규모의 공공공사(수도 비슈케크 가로등 교체공사), 건설관련 장비 공급 계약 수주 소식 등이 간혹 들리지만 생산 분야 투자로는 연결되지 않고 있다. 소비재나 서비스 부문에서 현지에 진출한 한국 브랜드나 제품이 존재하기는 하지만 미비한 상태로 보인다. 경제 규모가 작고 산업 및 임금 수준이 낮은 것에 따른 현상으로 여겨지는데 다른 중앙아시아 국가들에 비해 약 600만 명의 적은 인구수와 빈약한 지하자원을 가진 나라는 규모의 경제에서 매력을 끌기가 어렵기 때문이다.

현지진출 사업가의 목소리

키르기스스탄에 진출해 있는 한국인 사업가들을 만나보며 2015년과 16년 현재 상황에서 현지 진출의 애로나 장점에 대해 이야기를 나눈 경험을 기초로 두 가지 사례를 소개하는 것이 유용하리라 본다.

소규모 개인사업자로 산악국가라는 키르기스스탄의 특색을 활용하고자 했던 A 사업가의 경우를 먼저 언급하고자 한다. 예로부터 약초를 다루는 기술이 뛰어난 장인들이 많은 나라고 꼽혔던 키르기스스탄에서는 현재도 질병에 약초를 이용하는 사례가 흔하다.

A 사업가는 주로 감초를 수확해 가공한 후 한국에 한약재로 수출하는 사업에 종사하고 있다. 현지인들 사이에서 키르기스스탄 약초의 다양성 및 효능은 널리 알려져 있지만 한국인들에게 생소하다. 그렇기에 아직 키르기스스탄 내에서 약초사업과 관련해 진출한 사업가들이 많지 않다는 점에서 사업의 기회가 되었다. 하지만 다양성과 상품성 측면에서 사업의 적절성 문제가 제기되기도 한다고 밝힌다. 키르기스스탄에 약초가 다양한 것은 사실이지만 한국인에게 상품성 있는 약초가 얼마나 되는가는 별개의 문제이며, 한국인 친화적인 상품으로 개발할 필요성이 있다는 것이다. A

사업가가 주로 품목으로 감초를 취급하는 이유도 이 같은 고민과 관련이 있다.

사업 자체에 내재된 명암과 별개로 A 사업가는 권위주의 국가에서 일반적으로 나타나는 정치적 리스크로부터 기인하는 어려움보다 키르기스스탄에서는 고용된 현지인들의 직업을 대하는 의식 차이와 계약금 횡령 등의 인간관계에서 곤란이 자주 발생한다며 호소하였다. 현지인들은 책임감과 소속감을 형성해 나가야 하는 직업이라기보다는 당장의 생계를 위한 하나의 수단으로 생각하는 경향이 크다는 것이다.

키르기즈인의 직업의식은 한국으로 파견되는 산업인력들의 경우에도 고스란히 반영되어 있다. 즉 한국에서 일하고 싶어하는 키르기즈인들은 매년 증가 추세에 있지만 그동안 정작 한국에서 보여준 키르기즈인들의 작업 태도나 직업의식의 부족으로 인해 한국의 기업가들에게 얼마간 부정적으로 각인됨으로써 키르기즈인에 대한 수요가 감소하는 결과로 이어졌다.

현재 1년 동안 키르기스스탄에 배정된 산업인력 쿼터는 1,000명 수준임에도 실제 요구는 200명에 못 미치는 상황이다. 계약금 횡령 등과 같이 신용을 바탕으로 발전해야 할 거래관계의 불신감 또한 인간관계와 연관되는 어려움으로 외국 사업가들의 현지진출

의지를 꺾는 요인이다.

카자흐스탄과 우즈베키스탄에 진출한 약 50개 업체를 대상으로 하여 조사된 투자리스크의 유형과 그 대응에 관한 연구를 보면, 위 두 국가의 경우에 한국 기업들이 직면하는 리스크 요인 가운데 부패와 산업 내 시장불확실성의 항목이 가장 큰 리스크 요인으로 지적되었고, 부품(상품) 현지조달, 과실송금제한 등도 기업에 위험 요소가 큰 것으로 나타났다. 특히 시장 불확실성과 부패를 포함하는 미시적인 사회 환경이 가장 큰 어려움으로 부각된다는 지적은 키르기스스탄에서도 크게 다르지 않다. 이에 대한 대응방안으로 한국인들은 보험의 활용이나 사업다각화 등의 조직적 대처보다는 주로 현지 공무원, 고위인사 등 현지인과의 관계강화하거나 기업을 현지화하는 방식의 전략을 선호하는 것으로 나타났다(박지원 2013-2).

A 사업가 역시 '중앙아시아와 같이 사회주의 체제를 벗고 독립한지 오래지 않은 권위주의적 신흥개발도상국에서는 무엇보다 고위층과의 인간관계를 통해 기업 내부의 리스크보다 외부의 정치적 리스크에 대응할 수 있다고 생각한다'며, '카자흐스탄과 우즈베키스탄에서 그런 사례들이 많이 있다'고 지적했다. 하지만 키르기스스탄의 경우 그러한 대응은 효과가 상당히 제한적이라는 것이

그의 의견이다. '고위층과의 결탁은 적지 않은 액수의 돈을 지속적으로 요구하기 때문에 빠져 나올 수 없는 수렁에 들어가는 것과 같다'는 것이다.

지속적인 사업비 외의 지출이 계속되면서 정작 사업에 들어가야 할 투자금을 고위층에 쏟아 붓고 파산하는 경우도 여럿 보았다고 밝힌 이 사업가는, 키르기스스탄에서는 고위층과의 인간관계에 집중하기 보다는 고용한 현지직원들이나 사업장이 속해 있는 마을주민들과의 유대관계 형성에 집중하는 것이 오히려 사업의 효율적인 운용에 효과를 낼 수 있을 것이라고 조언하였다. 이는 중앙아시아 국가들 중 유일하게 민주적인 정치 형태를 유지하고 있는 키르기스스탄 국민들의 정치의식과 관련이 있다고 할 수 있다. 두 번의 민주화 운동을 통해 길러진 시민의식과 고위층의 부패에 대한 비판의식 성장이 권위주의적 신흥독립국가에서 일반적으로 나타나는 고위층과의 인간관계 증진에 대한 다른 해석으로 이어진다.

더욱이 고위공무원까지 각 마을의 주민대표자들과의 관계 증진에 더욱 신경을 쓰는 최근의 상황에서는 인간적 관계 증진 노력의 결과가 사업에 미치는 영향이 다른 중앙아시아 국가들과 다를 수밖에 없다는 것이다. 이런 이유로 위로부터의 인간관계에서 얻는 득보다 아래로부터의 인간관계에서 얻는 득이 사업발전에 중요한 역할을 한다고 말할 수 있다.

A 사업가는 인터뷰 말미에 키르기스스탄 사업 환경에서 가장 큰 이점으로 자유로운 은행송금시스템을 들었다. 카자흐스탄과 우즈베키스탄은 판매수익금의 일정 부분을 예치 후 송금할 수 있고 송금목적과 자금출처 등을 적어야 하는 번거로움이 있다. 반면 키르기스스탄은 송금 및 입출금이 자유로워 액수와 시간에 구애받지 않는다는 것이 큰 장점이다.

▌ K 보일러의 현지 진출 사례

A 사업가의 지적은 대체로 소규모 자영업 종사자들의 의견에서도 자주 확인되었다. 즉 키르기스스탄에서 가장 두드러지게 경험하는 한국의 소규모 사업가들의 어려움은 현지직원들과의 문화적 차이에서 기인한 의사소통의 한계가 초래하는 업무의 비효율성과 지속성의 저하라는 것이다.

이 같은 현지의 리스크를 나름의 방안으로 극복하며 키르기스스탄 정착에 성공한 대표적 성공사례로 꼽히는 기업의 경험은 주목할 필요가 있다고 여겨진다. 1994년에 러시아에 진출한 K사는 꾸준히 시장점유율을 확보하며 현지화에 노력하는 한편으로 중앙아시아에도 진출하였다. 1996년 카자흐스탄에 먼저 지사를 설립해 교두보를 마련하였고 키르기스스탄에도 매장을 운영하며 확장일로에 있다.

  2014년 건축박람회에서 한국 업체로는 유일하게 독자적인 부스를 여는 열의를 보여 준 K사의 강점은, 관계자에 따르면, 러시아 시장에 특화된 제품의 개발 경험이다. 즉 러시아는 국가 통제방식의 중앙난방시스템을 사용하는데, 시간의 경과와 함께 발생한 성능의 문제와 새롭게 등장한 중산층의 수요를 만족시키지 못하던 당시 시장 상황에 주목하여 1997년에 러시아 인증을 받는 러시아 지역 특화 제품을 개발함으로써 시장점유율을 급신장시킬 수 있었다. 키르기스스탄 역시 소련식 건설 모델에 따라 도시가 건설된 점과 최근까지 연 10%에 이르는 경제성장을 지속하는 가운데 수도 비슈케크의 도시 확장 및 정비 계획과 더불어 건축업 경기가 동반상승하는 데 주목하여 보일러와 온수기 등에 대한 활발한 영업활동을 벌였다.

  현지화 전략의 두 번째는 현지 직원들에 대한 배려와 상생이다. 직원들에게 한국으로의 연수기회를 부여함으로써 회사에 대한 소속감과 애사심을 고취시키는 한편, 현지영업활동에서 직간접적으로 한국의 기업문화 홍보 및 선전의 선구자 역할을 하도록 했던 것이 주효했다고 한다. 판매와 AS를 중심으로 활동하는 현지 직원들의 활동은 큰 틀에서는 본사의 표준화된 관리 규칙을 따르지만, 적극적인 개인들의 활동에 대해 인센티브를 부여하는 방식을 취하게 되자 업체와 직원간의 공생과 더불어 현지화 전략의 주요 정보원 확보를 동시에 표방하는 효과가 나타났다.

K사는 또한 러시아와 카자흐스탄, 그리고 키르기스스탄이 가진 각각의 장단점을 보완적으로 활용할 수 있는 가능성도 언급했다. 키르기스스탄이 지닌 특장점은 개방성이다. 다른 CIS 국가들과 달리 키르기스스탄은 입출금 제한이 없기에 투자금 회수가 용이하다. 또한 중앙아시아 국가들 중 가장 높은 보급률과 개방성을 자랑하는 키르기스스탄의 인터넷 보급이 시장 개척과 정보 확보에 적지 않은 도움이 되고 있다고 지적했다.

2014년 10월까지를 기준으로 한 최근 통계에 따르면 키르기스스탄의 언론자유도는 88위로 카자흐스탄 160위, 우즈베키스탄 166위, 투르크메니스탄 178위 등은 물론이고 타지키스탄 112위나 러시아 152위를 월등히 앞서고 있다(한국은 60위, 러시아는 152위)(Reporters Without Borders) 이런 개방성은 법과 제도에서도 확인된다. 즉 회사 설립시 이 나라는 요구하는 준비 서류가 가장 간소할 뿐 아니라, 최소 설립 자본금의 규모 역시 2달러 남짓에 불과할 정도로 가장 적다.

▎ 국가의 발전 관심 분야: 에너지에서 건설까지

94%가 산악지대이고 강과 호수가 많은 자연조건은 공장 등의 건설에는 불리하지만 수력발전 관련 설비 투자나 자원개발 분야 진출의 기회로 평가되기도 한다. 현재도 수력발전은 중앙아시아 전체 생산량의 30%를 차지하여 내수를 넘어 남는 에너지를 수출하고 있지만 1,425억kWh 규모에 달하는 것으로 평가받는 잠재 수력발전능력을 최대화하려면 여전히 많은 사업을 통한 개발이 요구된다.

이에 정부는 민간부문 참여를 독려하고자 수력발전사업에 참여하는 기업에 전력구매보증, 송전망 연결 등 각종 혜택을 부여하는 조치들을 내놓고 있다. 정부는 2019년까지 구축될 카사(CASA)-1000 송전망을 통해 키르기스스탄에서 생산된 전력을 파키스탄과 아프가니스탄으로 수출할 예정이라고 밝히는 등 밝은 전망을 내놓으면서 2016년 현재 주요사업으로 캄바라타(Cambarata) 전력공사(HEPP)1과 2, 업퍼-나린(Upper-Naryn) 전력공사 카스카드(Cascade) 등 계획 중인 수력발전 프로젝트에 한국 기업의 참여를 희망하고 있다.

'굴뚝 없는 산업'으로 전 세계 국가들이 주목하는 분야인 관광업 또한 중앙아시아 국가에서 매력적인 분야로 여겨지고 있다. 자원빈국인 키르기스스탄은 더욱 그러하다. 2006년부터 2014년까지의 통계치를 살펴보면 키르기스스탄으로 유입되는 외국인 관광객 수는 꾸준히 늘어나는 추세로 2010년 35만 7천명 수준이던 외국인 관광객은 2014년에 69만 명으로 증가했음이 확인된다(키르기스탄 통계청).

최근 한국에서도 실크로드의 역사적, 문화적 측면의 조명과 함께 중앙아시아 국가로의 관광 상품이 늘어나고 있다. 대형여행사와 실크로드 여행상품을 중심으로 하는 중소여행사들의 움직임을 보면 실크로드의 경로에 위치한 국가들을 여행하며 옛 상인들과 문화의 소통 경로를 직접 밟아보려는 이들이 늘고 있음을 알 수 있다. 현재 키르기스스탄 비슈케크에 한국인이 운영하고 있는 관광 에이전시는 총 3곳으로 키르기스스탄의 전역을 관광할 수 있는 프로그램을 갖추고 있으나 소수의 한국인 관광수요로 운영에 어려움을 겪고 있었다. 이웃 국가인 우즈베키스탄에 유명한 고(古) 도시들을 찾는 한국인들의 발걸음이 꾸준하고 카자흐스탄의 경우도 많은 기업들의 진출과 언론 및 각종 서적에서 자주 언급되면서 미지의 국가라는 인식에서 벗어나 방문을 희망하는 나라로 뽑히는 경향과는 대조적이다.

2015년 세계 141개국을 대상으로 조사된 관광 경쟁력 순위에서 키르기스스탄은 116위에 위치하여 85위인 카자흐스탄에 뒤지고 119위의 타지키스탄과 비슷한 순위로 나타난다. 낮은 경쟁력은 우수한 자연환경 등 천혜의 조건에 비해 접근성이 떨어지는 인프라의 문제가 작용하는 것으로 분석된다(Travel and Tourism 2015). 여행상품개발에서도 필수 조건이 교통의 편의성과 비용인데 카자흐스탄과 우즈베키스탄 모두 직항 항공편이 연결되는데 비해 키르기스스탄의 경우 직항이 없어 카자흐스탄과 우즈베키스탄을 경유하는 방법이 유일하다.

최근 키르기스스탄 정부는 다양한 관광 인프라 구축을 통해 자원빈국의 단점을 보완하는 한편으로 투르크문화권에 대한 점증하는 관심을 일종의 관련 산업 발전의 타개책으로 삼으려는 노력을 보여주고 있어 주목된다. 2016년을 역사와 문화의 해로 지정한 정부는 대외적으로 키르기스스탄의 홍보에 적극 나서고 있고, 2014년에 제1회 대회를 개최했던 '유목민 전통놀이 대회'를 연속해 치룰 계획을 진행 중이다. 2012년 키르기스스탄, 카자흐스탄, 터키 그리고 아제르바이잔의 대통령이 모여 격년으로 '유목민 전통놀이 대회'를 개최하는데 합의하여 시작된 이 대회는 2014년 첫 대회부터 10개 종목에 걸쳐 19개 투르크계 국가 출신의 400명이 넘는 선수들이 모여 성황리에 치러졌으며, 개최국이자 첫 대회 우승국 키르기스스탄을 홍보하는데 일조했다.

당초 2016년 대회 개최국은 터키로 예정되어 있었으나 키르기스스탄 정부의 노력과 1차 대회의 성공에 힘입어 올해 대회 역시 키르기스스탄에서 진행하기로 된 것이다. 올해는 16개 종목을 추가하는 등 훨씬 다채로운 대회가 될 것이라며 홍보에 열심을 내고 있다. 키르기스스탄 정부의 관광산업에 대한 관심과 투르크계 국가들과의 상생발전관계 형성을 한국의 여행관련 산업 종사자들도 눈여겨 볼 필요가 있다.

관광 분야만 아니라 접근성의 문제는 물류운송의 한계점으로 작용한다. 험난한 산악 지역에 자리한 입지에 직항이 부재하여 높은 운송비가 요구되는 것은 한국의 대 키르기스스탄 투자를 가로막는 최대의 걸림돌이다. 한국과의 관계를 떠나 이중내륙국가로서 키르기스스탄은 교통망 확보가 매우 긴요한 국가적 과제임을 인식하고 있다. 따라서 국가의 관심은 지속적인 관련 사업들로 연결될 가능성이 있으므로 주목할 필요가 있다.

2016년 키르기스 교통부는 내륙국인 키르기스스탄을 육지를 연결하는 국가로 만들기 위해 '교통망 확충계획 2025'를 추진 중이다. 프로젝트의 목적은 육지에 둘러싸인 나라라는 이미지를 벗는 데 있다. 최근 정부가 관심 있게 보는 건설 관련 계획으로는 오시(Osh), 마나스(Manas), 이식-쿨(Issyk-Kul) 등 공항 건설 및 현대화 사업과 투프-켄겐(Tup-Kegen)간 76㎞ 도로 개선사업, 수도인 비슈케크와 케민을 잇는 Bishkek-Kemin 유료도로 및 비슈케크-카라-발타(Bishkek-Kara-Balta) 구간의 유료도로 건설사업 등이 있다. 최근에는 이렇다 할 소식이 들리지 않지만 한국은 1998년 처음으로 키르기스스탄의 건설공사에 참여한 이래 현재까지 약 2억 달러에 가까운 공사를 진행한 경험이 있다, 이웃 국가에서 마감을 향하고 있는 대규모 토목공사가 있는 만큼 이어지는 대안 출구로 키르기스스탄을 주목될 만하다.

방일권 (한국외국어대학교 중앙아시아연구소 연구교수)

참고문헌   KOTRA(2015). 『경제특구를 활용한 기업의 중앙아시아 진출 전략』. 대한무역투자진흥공사, 2015.6.

박지원(2015). 「유라시아 경제연합과 키르기스스탄」, 2015.3.4. www.emerics.org

박지원(2013-1). 「키르기스스탄의 경제성장전략」. 2013.2.18. www.emerics.org

박지원(2013-2). 「중앙아시아 진출 한국기업의 투자리스크 유형과 대응」, 『중동연구』 32권 1호. (2013), 25-59.

산업통상자원부(2013). 『중앙아시아 진출기업 애로해소 가이드북』. 진한D&B

한홍렬(2015). 「개방적 통상체제하 소규모 저개발국의 산업정책: 키르기스 공화국의 경우와 한-키르기스 산업협력 방향」. 『한-유라시아 산업협력의 과제와 방향』. 2016.3.25. 한양대 아태지역연구센터 정책토론회 자료집, 45-63.

http://www.eng.24.kg/economics/179913-news24.html

키르기스스탄 통계청: http://www.stat.kg/.

IMF 2014: IMF World Economic Outlook Database (2014.10).

Kyrgyzstan Country Report: Kyrgyzstan Country Report. http://www.bti-project.org/reports/country-eports/pse/kgz/index.nc

Reporters Without Borders-Press Freedom Index.

Travel and Tourism 2015: Travel and Tourism Competitiveness Report 2015. reports.weforum.org/travel-and-tourism-competitiveness-report-2

World Bank Group, *Kyrgyz Republic: Adjusting To a Challenging Regional Economic Environment*, 2015. www.worldbank.org

황영삼

투르크메니스탄의 아바자 관광특구*

구르반굴리 베르디무하메도프 투르크메니스탄 대통령은 과감한 개혁, 개방정책을 추진하고 있다. 영세중립국의 대외적 안정성을 최대한 활용하고 있는 현 대통령은 러시아, 미국, 중국, EU, 이란, 카자흐스탄, 터키 등 인접국가와의 경제교류를 확대시키고, 이들 국가로부터의 투자를 희망하고 있다.

이러한 상황에서 베르디무하메도프 대통령은 국립관광지구 개

---

* 이 글은 필자의 논문 "투르크메니스탄 아바자 관광특구 개발사업의 현황과 문제점 분석," <슬라브연구> 31권 4호(2015)을 기초로 재정리한 것임.

발을 위한 장기 프로젝트를 수행함으로써 대외 개방의 이미지를 높이고 있으며, 아울러 다양한 방문외교 활동을 통하여 사업을 홍보하고 있다. 아바자 관광특구 개발사업은 2007년 대통령령으로 시작된 것으로서 투르크메니스탄 국내에 세계적 수준의 관광단지를 조성하여 국내외 관광객을 유치하는 한편, 국가의 대외 이미지를 쇄신하고자 범국가적 차원에서 추진되고 있는 프로젝트이다.

아바자 국립관광지구 개발의 의미

투르크메니스탄의 서쪽 카스피 해 해안 지대에 위치한 아바자 국립관광지구의 총 개발 예정지는 총 5,000ha에 이르고 있으며, 전체적으로 카스피 해와 접해 있는 해안선 길이만 26km에 이른다. 국제적 수준의 호텔을 비롯한 위락 시설을 건설하기 위한 계획이 마련되어 있고, 이 지역을 지원하기 위한 투르크멘바쉬 시의 현대화 사업 또한 동시에 전개되고 있다.

동 개발계획에 의하면 아바자 지구는 2007년부터 2020년까지 13년간 총 3단계로 개발될 예정이고, 지난 2012년 말에 1단계가 종료되었으며, 2016년 기준으로 2단계 사업이 마무리될 예정이다.

관광단지 및 주변의 인프라 구축사업이 주목표이던 1단계에서 소요된 예산은 이미 30억 달러에 달했는데, 이는 처음에 예상한 10억 달러를 훨씬 넘는 금액이었다.

최종적으로는 2020년에 마무리될 이러한 대형 관광지구 건설 프로젝트에 대한 베르디무하메도프 대통령의 의지는 매우 확고하다. 투르크메니스탄 정부 공식 인터넷 사이트에는 아바자 관광지구에 관한 고정적인 항목이 설정되어 있으며, 여기에서 관심 있는 외국 투자자들의 참여를 권하고 있다.

경제적 차원에서 볼 때 본 프로젝트가 성공하려면 만족할 만한 인프라 구축과 관광지에 어울리는 소프트웨어가 선행되어야 할 것으로 보인다. 그리고 터키 지중해 연안의 휴양지에 버금가는 관광지로 부각되지 않으면 많은 수의 관광객이 몰려들지 않을 것이다. 이 결과는 투자 대비 경제적 성과의 실패로 이어질 것이다. 현재 대통령의 의지로 볼 때 이 부분은 개발지구 건설의 질적 상태에 따라 결론지어질 것으로 보인다. 일단 아바자 관광지구 개발 프로젝트는 도로건설, 호텔 및 주택건설, 위락시설 등으로 투르크메니스탄의 건설 붐을 촉진시키는 효과를 거두고 있다.

현재 아바자가 위치한 투르크멘바쉬에는 정유공장 현대화 사업과 관련한 한국기업이 진출하여 한국 근로자 또한 350여 명이 진출해 있는 것으로 주 투르크메니스탄 한국대사관 홈페이지에 공개되어 있다. 그리고 최근의 양국 투자협정으로 투르크멘바쉬 인근 지역에 한국기업이 투자 활동을 하고 있는 등 양국의 경제적 협력관계가 과거 어느 때보다 높다. 따라서 이러한 차원에서 아바자 관광특구에 대한 연구의 필요성이 증대하게 되는데, 이번 이 글은 일반적인 독자들을 대상으로 하여 평이하게 고찰하는 것을 목적으로 한다.

크라스노봇스크에서 투르크멘바쉬로

투르크메니스탄은 카스피 해 동부에서 카라쿰 사막을 횡단하여 아무다리아 강에 이르는 약 49만 km^2에 달하는 중앙아시아 국가로서, 5개의 주(welayat, 벨라야트)로 된 대단위 지리적 행정단위를 가지고 있다. 그중에 발칸 주는 카스피 해에 연해 있으면서 면적이 가장 큰 주로 주도는 발카나바트이다. 투르크멘바쉬는 발칸 주의 항구 도시이며 카스피 해를 통하여 카자흐스탄, 러시아, 이란, 아제르바이잔과 연결되며 나아가 러시아 아스트라한을 거쳐 볼가-돈 운하를 통하여 흑해, 지중해로 나아갈 수 있는 전략적인 요충지이다.

투르크멘바쉬는 1993년에 당시 니야조프 대통령이 이전의 크라스노봇스크(Krasnovodsk)를 개명한 이름으로서 '투르크멘인들의 지도자'라는 뜻이다. 1896년 당시 제정러시아의 중앙아시아 팽창을 위한 해상 항구 진입로로 건설된 크라스노봇스크 항구는 카스피 해 동쪽 해안에서 러시아군의 물자보급에 중요한 기능을 수행했다. 같은 해 10월 크라스노봇스크 철도역이 기공됨으로써 이곳을 기점으로 한 자카스피 철도노선(Trans-Caspian Railway)이 운용되었다. 1903년에는 상인들의 출입이 가능하도록 항만사무소가 개설되는 등 러시아에서 카스피 해를 통해 중앙아시아 남동부로 이동하는 일이 크라스노봇스크로 인하여 가능하게 된 것이다. 크라스노봇스크는 1908년에 인구 7,500명 수준의 마을이 되었는데 구성 민족은 러시아인, 아르메니아인, 이란인, 아제르바이잔인(이란 출신) 및 카자흐인들이었다. 최소한 투르크멘인들은 카라반사라이의 주인들을 제외하고는 도시에 거주하지 않았던 것이다.

소련 시기인 1930년대 이후에는 크라스노봇스크 거주 인구가 증가하기 시작했다. 당시 약 3만 명 수준에서, 1989년 소련 공식 인구 결과 인구 63,000명 수준의 소도시로 성장하였다. 1940년대에 소규모 정유시설 조합이 결성된 이후 크라스노봇스크는 공업

도시로 본격적인 발전을 하게 되었는데, 그곳에 수산물 가공공장 등이 설립되었기 때문이다.

  이후 소련 시기에 카페리 수준의 배가 접안할 수 있게 건설된 크라스노봇스크 항은 마침내 1962년부터는 바쿠-크라스노봇스크 정기 항로를 마련하게 되었다. 독립 이후 니야조프 대통령은 이 도시의 이름을 투르크멘바쉬로 바꾸고 항만 현대화 공사를 시행하였다(2000~2003년). 그러나 투르크메니스탄 국내 자본과 기술의 한계로 그 성과는 미미한 수준에 머물렀다.

아바자 - 작은 어촌의 변신

  아바자 관광지구는 투르크멘바쉬 도심에서 서쪽으로 12km 떨어진 카스피 해의 해안가에 위치해 있다. 해안에 접해 있는 아바자 지구의 내륙 쪽으로는 황무지성 들판이 위치하고 투르크멘바쉬 시가지와 그 북쪽의 투르크멘바쉬 공항과 연결된다.

  아바자 지역은 본래 투르크멘바쉬 시와 별개의 마을 단위를 이루고 있었는데, 2013년 8월 1일자로 투르크멘바쉬 시의 범위를 확대시키는 투르크메니스탄 의회의 결정에 따라 아바자 및 케나르 지역이 각각 구로 편입되었다. 이에 따라 아바자 관광특구 지역이 투르크멘바쉬 시의 행정구역이 되었고 그 전체 넓이가 9,660ha에 이른다. 투르크멘바쉬 공항 지역 및 기타 소규모 촌락들이 아바자 구에 소속되었다. 또 다른 구인 케나르 구는 면적이 7,262ha이며 투르크멘바쉬의 동항 및 서항이 여기에 소속되어 있다.

소련 시기에 아바자 지역은 평범한 시골 해안가 마을이었고 주민들은 고기잡이를 하는 어민들로 구성되었다. 단지 백사장과 바닷물로 인하여 여름철이 되면 해수욕을 즐길 수 있는 곳으로 인근의 마을 사람들이 드나들곤 했는데, 크라스노봇스크 학생들의 여름캠프가 열리기도 했던 곳이 바로 아바자 지역이었다.

1970~80년대에는 아바자 지역에 야외 별장 형태의 건물들이 들어서기 시작했다. 이러한 움직임은 주민들의 자발적인 의사에서 비롯되었고, 건물의 소유 또한 법적 근거를 부여받게 되었다. 때마침 페레스트로이카 시기의 경제적 변혁정책으로 인하여 별장의 소유권이 시당국의 승인으로 합법화되면서 아바자 지역의 별장형 단독 주택들의 건립이 확산되어 갔다.

한편 1980년대 후반에 한 신문은 투르크멘바쉬 인근의 해안지대에 대규모 리조트 단지가 형성되는 것에 관한 타당성에 의문을 제기하였다. 환경론적으로 리조트가 건설되기에 부적합하다는 것이 핵심이었다. 그 이유는 투르크멘바쉬 인근의 가스전 및 정유공장에서 나오는 폐수로 인하여 심한 악취와 수질 악화가 우려된다는 것이다. 그럼에도 불구하고 휴양 목적의 건축물들이 지속적으로 건립되고 심지어 민간회사인 '쿠로르트-스트로이(Kurort stroi)'까지 설립되었다. 그러나 1993년에 이 회사는 당국에 의하여 폐쇄 조치되었고, 사장인 케셀만(A. Keselman)은 이스라엘로 이주해 버렸다.

투르크메니스탄의 독립 초기인 1990년대 전반에 걸쳐 아바자 지역과 아바자의 북쪽에 위치한 인근의 타르타(Tarta) 지역의 단독 주택은 계속 증가해 나갔다. 그 이유는 이러한 주택들이 여름철 성수기에 관광객을 상대로 영업을 하면서 소득을 높였기 때문이다. 체제 전환기를 맞이한 투르크메니스탄에서 이러한 자유로운 변화는 니야조프 대통령의 특별 조치가 내려지기 전까지 지속적으로 나타났다. 니야조프 대통령은 이러한 아바자, 타르타 지역의 단독 주택들이 무계획적으로 건립되고 탈세와 비도덕적 상행위들이 성행하고 있음을 간파하고 대통령의 권력으로 이들 지역의 주택들을 일소하는 대대적인 개혁을 감행하게 된다.

아바자 관광특구 프로젝트의 추진 배경

2007년이라는 해는 독립 투르크메니스탄 현대정치사에서 전환기에 해당하는 시기였다. 독재정치와 폐쇄적 정책으로 대외적으로 매우 부정적인 평가를 받고 있던 투르크메니스탄 초대 대통령 니야조프가 2006년 12월 21일에 급사하고 난 후 일련의 권력승계 작업이 진행되었다. 그 과정에서 대통령의 주치의이자 치의학박사이며 보건문화부 장관 겸 부총리 직에 있던 베르디무하메도프가 새로운 대통령이 되면서 향후 국가의 진로는 어떤 방향으로 갈 것인가에 대한 의문이 세계적 관심사로 떠올랐다.

2007년 2월 11일 대통령 선거에서 다른 네 명의 입후보자들을 압도적 표차로 따돌리고 대통령에 당선된 베르디무하메도프에 대한 국제적 인지도는 매우 낮은 상태에 있었다. 따라서 그가 어떤 사람이며 구체적으로 어떤 정책을 추진할지는 미지수에 속해 있었다.

더구나 2007년 당시만 하더라도 외국인의 투르크메니스탄 입국이 매우 제한되어 있어서 객관적 자료를 입수하기도 대단히 어려운 상황이었다. 2015년 기준으로 볼 때 그가 매우 개혁적인 인물이고 개방적 정책을 기피하지 않는 지도자라는 것이 분명히 드러

났지만 대통령 당선 초기 신임 대통령과 국가정책의 방향에 대해 분석하는 일은 힘들었다.

　신임 베르디무하메도프 대통령의 권력 행사에는 그를 대통령으로 당선되게끔 유리하게 조력했던 국가보안위원회 의장 레제포프 장군과의 관계 정립이 고려되었다. 내부적으로 치밀하게 진행된 것으로 추정되는 대통령 권력의 강화 일환으로 결국 레제포프 장군이 실각했다. 이는 전임 대통령의 사례와 결부될 수 있는, 매우 부정적 이미지로 굳어질 수 있는 위험성을 내포한 일이었다. 이 같은 정치적 혼란 속에서 베르디무하메도프 대통령은 과감하고 신선한 정책을 선포하였다.

　2007년 5월 투르크멘바쉬에서 개최된 투르크메니스탄, 러시아, 카자흐스탄 3개국 정상회의에서 베르디무하메도프 대통령은 카스피 해 연안의 관광지 개발의사를 공개적으로 표명하였다. 이어서 6월 21일에 아바자 해안의 세르다르 호텔에서 수 십 명의 국내외 기업가들이 참석한 가운데 관광지구 개발에 대한 설명회가 진행되었다.

▎ 외국 사업가에 대한 국가의 지원

2007년 7월 24일 대통령령 제8855호로 카스피 해 연안의 '아바자' 국립관광단지 개발사업 추진사업이 확정되었다. 동 법령에 의하면 아바자 관광지구에 투자하는 외국기업가에 대하여 국가적 차원의 지원을 명시해 두고 있는데 그 내용은 다음과 같다.

1) 투르크메니스탄 외국인 등록청은 아바자 관광특구에서 공사가 진행되는 동안 일하기 위하여 투르크메니스탄에 입국하는 외국인 전문가와 노동자들에게 신속하게 입국비자를 발급하고 비자 수수료와 거주등록비를 면제한다.

2) 경제재정부는 다음과 같은 기관에 대하여 거주등록비가 면제된 상태에서 거주등록을 허용한다. 즉 아바자 관광특구에서 진행 중인 건설 공사 법인과 아바자 관광특구에서 실행 중인 투자업체 등.

3) 중앙은행은 아바자 관광특구에서 투르크메니스탄 거주자로 등록된 이후 마나트화를 기준으로 노동한 결과 얻어진 외국인 투자자의 순이익에 대하여 외국환 전환을 자유롭게 허용한다. 투르크메니스탄 정부의 각 부처, 청, 소속 기관 및 국영기업체 등의 마나트화로 표시된 자산에 대하여 그 형태와 관계없이, 건설 노동 및 용역에 수반하는 지불금 그리고 생산자재, 설비 및 제품의 구입 등 외국통화로 제시된 채무 상환에 필수적인 자유로운 태환을 보장한다. 아바자 관광특구에서 행해지는 외국통화의 현금성 및 비현금성 자산의 운용에 대해서는 별도의 규정을 둔다.

4) 국가 상품원료 거래시장은 별도의 규정으로 아바자 관광특구 건설규모에 따라 행해진 계약서의 등록에 대하여 그 거래비용이 면제된다.

5) 투르크메니스탄 표준관리청은 아바자 관광특구에서 건설과 개발에 활동하고 있는 외국인 투자자 및 기타 개인들이 수입하는 설비와 자재의 분류에 필요한 비용을 면제한다.

6) 투르크메니스탄 국립보험기관은 아바자 관광특구에서 활동하는 외국인 투자자 및 개인들의 자산을 보호하며, 적법한 국내 보험규정과 국제적 수준의 보험제도에 일치도록 한다.

이와 같은 규정 외에도 외국인 투자자에게 주어지는 토지에 관한 임대료를 면제하고, 아바자 관광특구 건설이 진행되는 동안 적용되는 추가 비용에 대한 세금을 면제하여 초기 15년 동안 법인세 및 재산세를 완전히 면제하는 혜택이 제공된다.

한 마디로 정리한다면 아바자 관광특구에 투자하려는 외국인 투자기업에 전폭적인 지원을 하겠다는 투르크메니스탄 대통령의 의지가 반영되어 있다. 특히 투르크메니스탄 중앙은행이 아바자 관광특구에서 투르크메니스탄 거주자로 등록된 이후 마나트화를 기준으로 노동한 결과 얻어진 외국인 투자자의 순이익에 대하여 외국환 전환을 자유롭게 허용한 일은 인근의 우즈베키스탄의 경우보다 훨씬 파격적인 조치로 분석된다. 또한 비자 발급이 까다롭

기로 유명한 투르크메니스탄에서 비자를 쉽게 발급받을 수 있게 함으로써 외국인 투자자를 유인하고 있다.

어느 국가보다 대통령의 권한이 강력하게 여겨지는 투르크메니스탄에서 이와 같이 대통령의 강력한 추진 의지로 진행되는 관광특구 조성 계획에 대하여 정부의 관련 부처가 적극적인 지원을 함으로써 투자의지가 있는 외국인 투자자들의 관심을 끌었다. 물론 외국인 투자자의 입장에서 볼 때 더 신중하고 세심한 투자환경이 조성되어야 함은 물론이다. 투르크멘바쉬 지역은 거의 불모지나 다름이 없어서 도로와 공항, 상수도 등 인프라 구축 문제에서 호텔 건설 및 이후의 관광 수입 등 복합적 요인이 모두 검토되어야 하는 복합적인 문제 또한 안고 있다.

초기의 투자 적합성 및 미래의 발전 가능성 측면에서 불확실함을 안고 출발한 아바자 관광특구 개발사업은 베르디무하메도프 대통령이 강력하게 추진한 정책 중 하나로서 특별한 관심의 대상이었다. 대략 사업전략 초기 단계에서 계산되었던 초기 인프라 구축 비용은 10억 달러였으나, 1단계 말에 30억 달러 그리고 2013년에 이르면 이미 50억 달러에 달했다고 알려져 있다.

아바자 관광특구 현황

아바자 관광특구 조성 1단계 사업의 주요 내용은 투르크멘바쉬 신공항 건설, 고속도로 건설, 가스화력 발전소 건설, 담수 플랜트, 하수처리 시설, 상수도망 건설 등으로 이들 사업은 이미 종료된 상태에 있다. 이때 부여된 국가보조금은 해수 담수화 플랜트 건설, 가스화력 발전소 건설, 투르크멘바쉬 신공항 건설, 7km 인공수로 건설, 도로건설 기술비 구매 등에 할당되었다.

1단계 전체 면적은 1,770ha 수준이며 여기에는 순수 관광 시설이 조성되며 점차적으로 5,000ha(약 50km^2)까지 개발할 계획인데, 쉽게 말한다면 이는 한강 둔치를 제외한 여의도 면적(2.9km^2)의 약 17배에 해당하는 땅을 개발하겠다는 뜻이다.

2단계에서는 호텔을 비롯한 숙박 시설을 지속적으로 만들고, 위락 시설을 조성하는 일이 핵심인데 아쉬가바트에 있는 카지노를 이전시킨다는 계획이 있다. 유흥 문화가 발달해 있지 않은 관계로 이러한 위락 시설은 대부분 외국인 관광객을 위하여 운영될 것이지만 현재로서는 큰 기대를 하기 어렵다.

2단계 동안에 아바자 관광특구는 휴양지로서 그 기능이 작동되며 외국 관광객들의 방문을 환영하고 있다. 가령 2014년 7월 초에 펼쳐졌던 국제 윈드서핑 경기에서 프랑스와 이탈리아, 일본 등 외국 선수 및 관광객의 방문이 있었다. 이 경기의 주최는 아바자 및 투르크메니스탄에 폭넓은 투자를 행하고 있는 터키의 폴리멕스사로서 관광특구 내에 요트 클럽을 운영하고 있는 민간기업체이다.

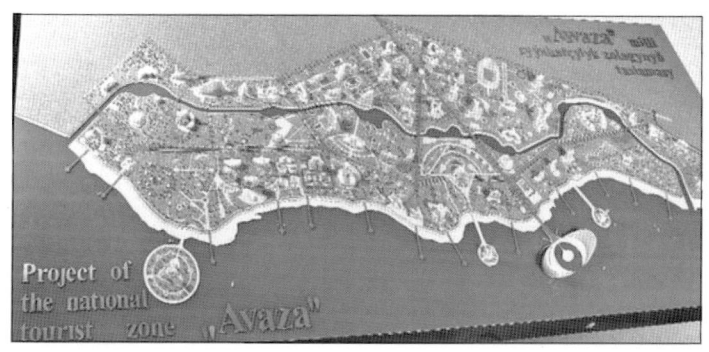

아바자 관광특구의 조감도. 좌측이 북쪽, 우측이 남쪽이다. 북쪽 지역에도 다수의 현대식 호텔 등이 건립되고 있으며, 남북으로 길게 인공수로(운하)가 만들어져 있다. 2020년 완공을 목표로 하고 있다.

3단계에서도 계속 호텔이나 위락 시설이 건설되며 무엇보다도 약 2,000ha에 이르는 자연 공원이 조성된다. 아바자 관광특구를 동서로 크게 나누는 인공 수로를 기준으로 주로 동편에 건설될 이 지역은 자연환경 보존과 자연친화적 관광단지를 조성하겠다는 투르크메니스탄 당국의 의지가 담겨 있는 부분이다. 동시에 투르크멘바쉬 도시 변두리 지역에 현대식 신도시가 건설되어 도시의 현대화를 꾀하게 된다. 3단계가 종료되는 2020년이 되면 총 60개에 이르는 호텔, 사나토리엄(sanatorium), 빌라형 호텔이 완공되고 카지노를 비롯한 위락 시설이 준비되어 본격적인 국제적 수준의 관광단지로 부상하게 될 것이다.

▌ 관심을 보이는 외국 투자기업들

아바자 관광특구 개발은 관련 대통령령에도 명기되어 있듯이 외국인기업의 투자를 환영하고 있다. 그만큼 예산이 많이 드는 사업이며, 동시에 이러한 국책사업을 통하여 투르크메니스탄의 개방적 정책을 보여주기도 한다. 초창기에 아바자 관광특구 개발 및 주변 인프라 구축에 관심을 둔 외국기업들은 다음과 같다.

2009~10년 당시 파악된 외국인 투자업체가 소속된 국가를 보면 그 규모와 중요도 순으로 터키, 러시아, 아랍에미리트, 독일, 영국, 벨기에 등으로 수가 많지는 않았다. 대표적으로 터키의 폴리멕스사는 아바자 해안가에 호텔을 짓고, 특히 2013년에는 요트 클럽

옐켄(The Yacht Club 'Yelken')을 완공하여 이른 시기에 아바자 휴양지의 가치를 높여 주었다. 그리고 문화취미 시설을 건립하고 대형 아쿠아리움과 주차빌딩을 건설하고 있다. 그리고 투르크멘바쉬에 크루즈 항구 건설과 투르크멘바쉬 신공항 건설에 투자하였다.

아바자 관광특구 개발이 계획된 직후 관심을 보인 외국인 투자업체들 중 터키 업체들을 제외한다면 2015년 기준으로 지속적으로 투자 계획을 실행하고 있는 외국 기업체는 없다고 보는데, 이러한 사실은 아바자 관광특구 개발에 비판적이던 사람들에게 호재로 작용한다. 그럼에도 불구하고 아바자 관광특구는 터키 기업과 투르크메니스탄 국내기업의 활동으로 현재까지 진행되고 있고, 2015년 현재는 호텔 등 숙박시설과 위락시설 등이 완공되어 2009년이나 2010년도에 알려졌던 우려가 점차 불식되고 있다.

숙박시설의 준공현황

아바자 관광특구에서 가장 중요한 시설 중 하나는 바로 숙박시설 일 것이다. 특히 투르크멘 국내적 차원이 아닌 국제적 수준의 리조트를 지향한다면 고급 호텔 건립은 필수적인 일이다. 아바자 지구의 숙박단지 건설은 철저히 계획적으로 진행되었는데 2007년 본격적인 프로젝트 개시 전에는 숙박시설로 세르다르 호텔(Hotel 'Serdar')만이 존재했다. 226실 규모의 세르다르 호텔은 니야조프 대통령 시기인 2001년에 아바자 해안가에 이미 건립된 것이었는데 이 호텔에서 2007년에 아바자 관광특구 개발계획이 발표되었다.

특구개발 3년차이던 2009년 6월에 바탄치(Vatanchi), 차를락(Charlak), 하지나(Hazyna) 호텔 등 3개가 추가로 준공되었는데 이때 베르디무하메도프 대통령이 호텔 개관식에 참여하기도 하였다. 바탄치 호텔은 투르크메니스탄 국방부의 주문으로 터키 회사 제힐이 공사를 맡았고, 차를락 호텔도 터키 기업인 아시스츠(Assists), 그리고 하지나 호텔도 폴리멕스사가 2007년부터 건설을 맡았으니 초기 신설된 3개의 호텔 건립은 모두 터키 업체가 장악한 셈이다.

역시 2009년에 완공된 호텔로 쿠르벤(Kurven), 쿠밧(Kuvvat), 네비치(Nebitchi) 등도 있었는데, 이러한 지속적인 호텔 건립은 2008년에 이미 투르크메니스탄 당국에서 제시한 투자자를 위한 혜택, 즉 세제 및 투자자 보호에 관한 조치들이 강화된 결과와 무관하지 않다.

당시만 하더라도 많은 외국 투자자에게 아바자 관광특구 개발에 대한 전망과 관련해 기존의 투르크메니스탄에 대한 부정적인 이미지, 즉 지나치게 폐쇄적인 대외정책의 결과가 남아 있었다. 그러나 이러한 요소는 베르디무하메도프 대통령의 끊임없는 제도개선 노력과 외국 투자자 유치 등의 활동으로 대외적인 긍정적 인상 등으로 전환된 결과인데 가령 2008년 1월에 폴리멕스사를 비롯하여 독일의 지멘스(Siemens), 러시아의 이테라(Itera) 등의 외국기업이 참여한 비즈니스 회의에서도 찾아볼 수 있다.

그 외에도 뎅기즈 호텔(Hotel 'Dengiz'), 베르카라르 호텔(Hotel 'Berkarar'), 베레케트 호텔(Hotel 'Bereket') 등이 2010년부터 2014년에 걸쳐 아바자 해안에 등장하였다.

숙박 시설에는 비단 호텔 형태뿐만 아니라 치료를 겸할 수 있는 사나토리움, 빌라형 주택 그리고 요트 클럽 형태의 복합 단지 등 다양한 모습으로 건립되고 있다. 그중 2010년 7월에 개관한 사나토리움 아르주브(Health improvement complex 'Arzuw')의 경우 300실 규모로 투르크멘바쉬 가스공장단지의 주문으로 건설되었기 때문에 주로 가스관련 노동자들의 숙박지로 운영된다. 동시에 인근 소도시 아르주브에는 별도의 별장형 빌라들이 건설되었고 가족 단위의 형태로 900실이 운영되고 있다.

아바자 해안에 등장한 숙박시설들(사진: 필자)

사나토리움 숙박지를 보면 우선 정부 소유의 사나토리움 숙박시설의 1박 비용은 대개 35~70 달러 수준(1일 3식 기준)이다(2015년 기준). 호텔 가격보다 다소 저렴한 편에 속하지만 대개 의료 치료 차원의 장기 투숙객이 이용하는 형태이다. 특히 투르크메니스탄의 5개 지방정부인 아할 주, 마리 주, 레밥 주, 다쇼구즈

주 및 발칸 주에서 운영하는 사나토리움이 각각의 독립된 건물에서 해당 지역 주민들의 편의를 제공하고 있다. 이들 사나토리움은 모두 인공수로의 북쪽 건너편에 위치해 있다. 한편 빌라형 호텔 또한 가족단위의 관광객들에 좋은 환경을 제공하며 대부분 인공수로 북쪽 건너편에 위치해 있다.

인공하천의 카스피 해 진입로(사진: 필자)

마지막으로 요트 클럽 옐켄에는 2층 빌라형 숙박촌이 형성되어 있다. 2013년에 개관한 옐켄 요트클럽에는 36만m^2의 부지에 44개의 빌라동이 있고, 13개의 아파트 형태 등 모두 396실이 구비되었다. 그리고 디스코 클럽, 레스토랑, 카페 등도 갖추어져 관광객들을 유치하고 있다.

외국의 투자기업과 함께 투르크메니스탄의 국영기업체들도 빌라형 숙박, 대형 마켓, 레스토랑, 문화센터, 스포츠 센터, 수영장 등을 건설하고 있는데 투르크메니스탄 산업기업가동맹이 이를 주관한다. 또한 투르크메니스탄 건설부 산하의 국영기업체도 공항에서 아바자 북서 지역에 이르는 지역에 현대식 주거지를 건설하고 있다.

2014년 7월에는 투르크메니스탄 산업기업가동맹이 주문한 빌라형 숙박시설 700실이 완공되었다. 이러한 대단위 숙박시설 공사에는 투르크메니스탄 민간기업들이 다수 참여하였다. 그 기본적 개념은 보급형 형태의 숙박시설로서 중간정도의 소득을 가진 사람들과 대가족의 이용을 가능하게 하였다. 이로써 저소득층 투르크멘인들이 비싼 호텔을 이용하지 않더라도 아바자에서 휴가를 보낼 수 있게 되었다.

2013년에도 이미 산업기업가동맹이 주문한 숙박시설, 즉 타지르(Tajir)가 완공되었다. 여기에도 12층 164실의 호텔과 8개의 2층 짜리 빌라형 숙박시설이 포함되어 있다.

2015년 8월에 5성급 호텔이 추가로 완공되었다. 메르다나(Merdana, 12층 324실 규모, 5성급 호텔 - 국방부 발주 투르크멘 민간기업 리스갈리 재흐멧(Rysgally zähmet) 사가 시공), 바그티야르(Bagtyar, 12층 300실 규모, 5성급 호텔 - 통신부 발주 - 투르크멘 민간기업 뒤를리-야즈 (Dürli-ýaz) 사가 시공, 2015년 9월에 인도, 스파, 사우나, 휘트니스, 노래방, 디스코, 최신 주점 등이 구비) 등이 그들이다. 2015년 8월 기준으로 총 30개의 세계 수준의 호텔과 별장, 사나토리움 등이 건설되었고, 2016년 6월에 5성급 호텔 1개가 완공되는 등 향후 2020년까지 총 60개 규모의 숙박시설이 갖추어질 계획이다.

아바자 해안 관광지구에는 2015년에 놀이공원 세 곳이 개장되었다. 특히 놀이공원 '뎅기즈 메르제니(Deniz merjeni: 바다의 진주)'에는 투르크멘바쉬 아바자 구의 발주로 266대를 주차할 수 있는 주차 빌딩이 준비되었다. '앨렘고샤르(Alemgoshar: 무지개)' 놀이공원은 7월에 개관하였는데, 50여 개의 놀이 시설, 볼링장 및 아동과 어른들을 위한 오락시설 등이 설치되어 있다. 놀이공원 '자딜리 케나르(Jadyly kenar: 마법의 해안)'의 경우는 투르크메니스탄 해상 및 하천 교통청의 발주로 투르크멘 건설회사 '체페르 구를루쉭(Cheper Gurlushyk)'사가 공사를 맡았으며 10ha의 면적에 28개의 놀이시설이 갖추어져 있다.

2015년 여름에 소개된 아바자 해안은 이러한 놀이시설을 이용하는 가족들과 휴양객들이 채우고 있다. 이들 놀이시설은 이미 2014년 7월에 오픈한 현대식 쇼핑센터와 함께 많은 관광객들에게 즐거움을 제공하였는데, 쇼핑센터는 투르크메니스탄 무역 및 대외 경제관계부가 발주하여 건설된 것이다.

아바자 해안의 놀이 공원(사진: 필자)

놀이공원 외에 2010년 10월에는 거대한 해상 분수공원이 만들어졌고, 음악에 맞춰 분수가 솟구치는 구조로 되어 있다. 해변에서 185m 떨어진 곳에 있으며 높이 100m까지 물을 뿜어 올린다. 아울러 밤에는 분수 주위로 찬란한 레이저 쇼도 펼쳐진다.

아바자 관광특구에서 가장 중요한 인공수로(운하) 역시 언급하지 않을 수 없다. 2010년 4월에 완공된 인공수로는 아바자 관광특구 지역을 거의 1:1로 동서로 분리하여, 수로의 길이는 7km에 이르고 해변이 있는 지역은 인위적으로 섬이 되었다. 아바자 수로 주변에는 수많은 분수대, 8개의 레스토랑과 6개의 카페, 14개의 간이술집이 운영되고 있으며, 카스피 해 바닷가에서 해수욕하는 일이 부담스러운 사람들은 수로 주변의 11개 강변 백사장에서 시간을 보낼 수 있다.

2020년의 완공을 앞두고

투르크메니스탄의 투르크멘바쉬에 있는 아바자 관광특구는 베르디무하메도프 현 대통령이 2007년 7월에 반포한 대통령령에 입각하여 개발되고 있는 특별 지대이며, 관광단지 조성사업은 2020

년까지 지속되는 장기 프로젝트이다. 이미 2012년에 1단계 사업이 종료되었고, 2016년에는 2단계 사업이 진행 되고 있다. 2017년부터는 3단계 사업이 진행될 것이다.

본래 아바자 지역은 카스피 해에 연해 있는 바닷가 마을로서 투르크멘바쉬(크라스노봇스크)에서 12km 떨어진 곳에 있다. 여름이면 투르크멘바쉬 사람들이 휴식을 취하던 조용한 휴양지였다. 그러나 니야조프 대통령 시기에 점차적으로 민가 철거와 함께 대대적인 개발이 시작되더니 2007년에는 아예 관광특구로 지정되면서 본격적으로 계획적인 국립 관광지구로 탈바꿈되기 시작하였던 것이다.

이러한 외형적 변화는 구글 어스의 자료로 모두 확인되고 있는데 정부가 주도하는 경제개발 과정에서 나타나는 불가피한 현상으로 해석된다. 아바자 관광특구는 전체 면적 5,000ha에 달하는 광대한 지역이다. 1단계 시기에는 철거된 부지 위에 호텔 3~4개가 고작이었고 전체적으로 부실하기 짝이 없는 인상을 주었다. 그러나 터키 기업에 의해 인공수로가 2010년에 개통되고, 다양한 숙박시설이 지속적으로 건설되면서 휴양지의 면모를 서서히 갖추기 시작하였다.

동시에 주변지역의 인프라 구축사업 또한 진행되어 투르크멘바쉬 신공항 및 신항만 건설, 가스발전소, 담수화 공장, 상하수도 시설 등 아바자 관광특구의 모습은 지속적으로 변화해 나갔다. 2015년 기준으로 이미 30개의 숙박시설이 완공되었는데, 이는 2020년 최종적으로 60개 숙박시설의 절반에 해당하는 규모이다. 그리고 놀이공원, 아쿠아리움, 요트 클럽 등 밀도 있는 시설들이 완공되면서 아바자 관광지구는 손님들을 기다리고 있다.

황영삼 (한국외국어대학교 중앙아시아연구소 연구교수)